U1075872

清华大学国情研究院基金课题

中国省级五年规划发展研究

杨庆育　等著

中 国 计 划 出 版 社

图书在版编目（CIP）数据

中国省级五年规划发展研究 / 杨庆育等著. -- 北京：中国计划出版社，2019.1（2021.1 重印）
ISBN 978-7-5182-0968-2

Ⅰ. ①中… Ⅱ. ①杨… Ⅲ. ①省－区域经济发展－五年计划－研究－中国 Ⅳ. ①F127

中国版本图书馆CIP数据核字(2018)第282802号

中国省级五年规划发展研究

杨庆育　等著

中国计划出版社出版
网址：www.jhpress.com
地址：北京市西城区木樨地北里甲 11 号国宏大厦 C 座 3 层
邮政编码：100038　电话：（010）63906433（发行部）
新华书店经销
北京虎彩文化传播有限公司印刷

787mm×1092mm　1/16　12.5 印张　184 千字
2019 年 1 月第 1 版　2021 年 1 月第 2 次印刷

ISBN 978-7-5182-0968-2
定价：68.00 元

版权所有　侵权必究
侵权举报电话：（010）63906404
如有印装质量问题，请寄本社出版部调换

谨以此书献给正在和准备思考研究

中国省级“十四五”规划重大问题的人们

中国五年规划与大国之治（序）

“参伍以变，错综其数。通其变，遂成天下之文；极其数，遂定天下之象。”

治国难，治大国难，治变革中的大国当是极难。而中国自古便称天下，可谓是变革中的巨国。正是在这极难之境，中国在过去的四十年时间之中创造了国家治理的奇迹。从历史的角度来看，在过去的四十年时间中，人均国内生产总值（GDP）从385元上升至59660元，人口预期寿命从67.8岁提高到76.7岁，劳动年龄人口人均受教育年限从8年增加到10.5年。从横向比较来看，在过去的四十年时间中，中国从世界舞台的边缘走近世界舞台的中心。当前，中国已经成为世界第一大贸易体，是世界124个国家和地区的第一大贸易伙伴，世界第二大吸引外国直接投资国，世界第三大对外投资国。① 中国专利总数位居世界第一。无论从哪一个方面来看，这都是中国历史上前所未有的治理奇迹，也是人类历史上前所未有的治理奇迹。

然而，对过去历史的追述，并非是对国家功业的沉湎，更重要的是对大国之治背后“参伍以变，错综其数”的探求，对人类大国治理的规律、道路、方法乃至制度技术探究。

事实上，古今中外的大国之治，其难点与核心点都在于处理统一性与多元性、稳定性与变革性的辩证关系。

“物之不齐，物之情也”，中国的基本国情，不仅是世界人口最多的国家，还是世界上仅有的三个“经济巨国”之一②，内部各地存在

① 数据截至2017年，来自国家统计局。

② 从经济总量角度衡量，美国、欧盟和中国是世界上三个超级体量的大国（地区），GDP总量都在10万亿美元以上，我们将其称为“经济巨国”。

极大的差异性。在一定意义上来看，我国每个省级行政区，其区域面积和人口分别相当于当今世界一个大国或小国。以2016年为例，中国经济总量最大的广东GDP总量达到80854.91亿元，超过位居世界第15位的墨西哥，而经济总量最小的西藏GDP仅为1151.41亿元，相当于位列世界第107位的波黑。经济发展水平最高的北京人均GDP达到118198元，如果放入世界200多个国家和地区排名中，与世界第42位的希腊持平。而经济发展水平最低的甘肃人均GDP仅为27643元，略高于位居世界第108位的汤加。

这充分表明中国经济发展的地区不平衡性、差异性和复杂性。而如果再将眼光延伸至332个地级行政区划单位，2856个县级行政区划单位，[①] 其情况之错综复杂，则更加难以繁述。

“为政而不行，甚者必变而更化之，乃可理也。”在过去四十年变革期间，中国国家治理的政策、制度乃至机构变化，改革力度之大，也是世所罕见。从中华人民共和国建立到改革开放，经过四十年的变革之后，中国终于走出了在大国之治中“一放就乱，一收就死”的治理困境。

走出这一困境的关键就在于央地关系之间的良性互动，而这其中最为典型和成功的代表就是国家五年规划和地区五年规划共同组成的发展规划体系。中国的发展规划根据国家发展需要和经济社会发展，不断调整、变化、革新，逐步由传统的经济指令性计划转变为社会主义市场经济条件下国家管理经济社会发展的指导性规划。发展规划已经成为中国在实现国家战略目标、弥补市场失灵、协调利益关系、有效配置公共资源等方面最为重要也是独有的治理工具。更为重要的是，除却具有通常大家所熟知的国家五年发展规划之外，作为一个具有五级政府体系的“巨国”，中国的各级地方政府也编制了与本地区发展紧密相关的地区规划。这些地区规划与国家五年规划彼此分工、配合，共同组成了中国的发展规划体系。如果说发展规划这一治理工具在全

---

① 数据来源：《中国统计年鉴2015》。

球范围内诸多国家中曾经或现在都还有着相当广泛的应用，那么发展规划体系则是中国在发展实践中不断摸索，进而创造出的独一无二的发展工具。

在这一规划体系中，省级五年规划发挥了极为独特的作用。一方面对地区而言，中国一省之规模近似于一国。除军事与外交之外，省级政府职能极为丰富，近似于国家治理功能。因此，省级五年规划所包含的内容与国家治理几无差异，对经济社会的宏观调控、公共服务、市场监管、社会管理、环境保护等内容均有全面涉及。另一方面，省级五年规划具有承上启下之作用，其对上吸收承接，对下指导分解，具有较强的特殊性，既全面又具体，其编制执行中，需要兼顾科学性实用性等多个方面，绝大多数省经过多年的实践与探索，已经形成了一套非常独特而富有中国特色的规划编制程序和实施监督机制，不仅对我国经济社会发展和区域发展起到了十分重要的作用，同时形成了一套独特的中国治理工具。

这一治理工具以五年为一个阶段，但同时又对长期发展做前瞻性的战略思考，每一个五年规划，各个省以国家总体发展目标为基本导向，结合自身省情与其发展阶段的特点，通过规划去具体落实党和各级政府的重大任务和发展目标。省级规划既要贯彻落实国家战略意图，又要从本地实际出发；既要为市县级规划提供重要依据，又要注意与毗邻地区规划相互协调。在省级五年规划的执行过程中，则体现出各省以一整套制度来共同管理各项事务的实践能力，在省级五年规划实施中，多元主体共同推动规划目标落实，各级政府、企业、公民等多元参与，通过法律规范、经济激励、行政手段、社会协助、信息网络等多种渠道共同发挥作用。

值得注意的是，尽管中国的地区五年规划，特别是省级五年规划在中国的国家治理、央地互动中发挥了极为重要的作用，但是无论是学术界还是实务界对其研究都较为稀少，可谓知之不多，知之不深。本书的贡献恰恰在于此，由杨庆育教授领衔的研究团队，对省级五年规划的研究，可谓此类研究的开山之作。杨庆育教授本人曾作为省级五年规划的主要负责领导，参与了多个五年规划的编制、制定和执行过程，是中国省级五年规划实践的亲历者和实干者。更加难能可贵的是，杨庆育教授领导和组织下的团队，经过长期深入研究，将省级五年规划的经验进一步提炼成为更具普适性的理论与实践指南。

本书立足于省级五年规划的实践，全面揭示了省级五年规划体系，全面展现省级五年规划的实践机制和价值，全面总结省级五年规划的创新形式，努力探索省级五年规划的优化方向。在中国特色社会主义进入新时代的大背景下，立足于习近平新时代中国特色社会主义思想，立足于新发展理念、新形势、新要求和新标准，为面向现代化的我国省级五年规划编制实施提供理论基础和实践经验。从这一点来看，本书是目前对中国省级五年规划编制最好的参考书、工具手册之一，可以供中国省级五年规划的决策者、执行者和参与者共同学习与参考。

明者因时而变，知者随事而制，正是在以五年规划为代表的中国国家地区治理不断实践中，在实践基础之上的不断理论创新与再应用中，中国大国之治才能实现“听其不齐而自齐”，最终穷天下参伍，实现天下之治。

清华大学国情研究院院长　胡鞍钢

2018年10月1日

课题组成员简介

杨庆育，管理学博士、博士生导师、高级经济师。曾担任重庆市发展改革委主任，重庆市人大常委会副主任。现任清华大学国情研究院兼职研究员，南京航空航天大学、西南财经大学兼职教授。多年来从事政府经济管理和规划、宏观经济政策和区域经济研究，独著和与人合作专著15部。在国家省级重点期刊上发表论文近百篇，主持国家和省部级课题40余项。

张国智，理学硕士，历任重庆市九龙坡区发展改革委主任，重庆市发展改革委规划处处长，重庆市统筹城乡综合改革办副主任，重庆市发展改革委副主任。现任重庆两江新区党工委副书记、管委会副主任。长期从事国民经济和社会发展规划编制和管理工作，是重庆市近三个五年规划的主要执笔者。曾获得重庆市科技进步二等奖。

易小光，重庆市综合经济研究院院长，研究员，享受国务院政府特殊津贴专家。重庆工商大学、重庆社会主义学院兼职教授，中国人民银行货币政策委员会专家、中国科学技术协会决策咨询专家、重庆市“十三五”规划专家委员会委员。长期从事宏观经济、区域经济理论及政策、制度经济学研究。独著和与人合作专著20多部。

李南，南京航空航天大学教授，博士生导师，享受国务院政府特殊津贴专家。长期从事经济管理教学与科研。主持和参与多项国家级和省部级科研项目，发表中英文学术论文百余篇，出版著作、译著和教材5部。

陈升，重庆大学公共管理学院教授，博士生导师，国家重大改革项目首席专家，清华大学中国发展规划研究中心客座研究员，曾任太原市经济和信息化委员会总经济师。在国内外重要学术期刊发表论文

40余篇，出版4部专著，主持国家基金项目4项，国家博士后基金项目2项。

吕俊，管理学博士，历任重庆市九龙园区管委会副主任，重庆市发展改革委规划处处长，现任中共重庆市委组织部处长。长期从事区域发展战略、国民经济和社会发展规划、投融资工作和研究，是重庆市“十三五”规划的主要执笔者。多次主持省部级重大课题研究，在国家核心期刊上发表论文多篇。

唐啸，清华大学公共管理学院助理教授，国情研究院助理研究员；主要研究环境治理、五年规划和地方政府行为，先后发表中英文论文20余篇，出版中文独著1部，获全国优秀博士后学术成果奖，出版中英文合著4部。博士论文获夏书章公共管理优秀博士论文奖。

潘墨涛，清华大学公共管理学院博士后，国情研究院助理研究员；主要研究领域为政府管理理论、基层政府治理，先后发表论文20余篇。曾获2017年北京市优秀博士毕业生。

目　录

第一章　新时代省级五年规划的价值取向及新形势

党的十九大确立我国已经进入社会主义新时代，进入开启全面建设社会主义现代化国家新征程。在新的历史背景下，我国国民经济和社会发展规划体系的重要组成部分，即省级五年规划，面临全新的形势并承担起新的价值取向。

第一节　新时代省级五年规划的价值取向

一、规划更集中反映执政党在不同阶段路线、方针和政策

人类发展史是一个从“必然王国”向“自由王国”发展的历史，其本质就是对必然的认识和对客观世界的改造。习近平同志提出：发展必须是遵循经济规律的科学发展，必须是遵循自然规律的可持续发展，必须是遵循社会规律的包容性发展。这就是对中国现代化发展规律的认识。同样，省级五年规划要贯彻党的路线方针政策，也必须从实际情况出发，去具体地摸索各省的发展规律，要在不同时期从省内外的实际情况出发，找出事物间的内部联系，作为规划制定的现实基础。我们党根据改革开放以来发展的历史进程和逻辑，总结了具有规律性的五个发展阶段：20 世纪 80 年代解决温饱，20 世纪末实现基本小康，2020 年实现全面小康，2035 年基本实现社会主义现代化，21 世纪中叶将中国建设成为富强民主文明和谐美丽的社会主义现代化强国。这是中国特色社会主义现代化最重要的发展主题、最核心的发展目标和最重大的发展任务。

二、规划更体现国家与地方治理体系和能力现代化

国家治理体系和治理能力是一个国家的制度和制度执行能力的集中体现，两者相辅相成。这里的体系和能力既是国家层面，也包括省级层面，因为如果国家层面的能力得到提升，而执行层面的省没有跟上，那么，提升就没有基础，就不能取得国家意义的效果，所以各省也必须相应提升治理体系和治理能力现代化水平，按照党的十九大的要求，充分发挥五年规划的强大引领作用，以三个递进的五年规划，在 2035 年基本实现国家治理体系和治理能力现代化。由于规划体现了治理目标的多样化，五年规划的实施可以体现各省的治理能力，尽管在部分宏观目标上与中央都保持了一致，但从省情出发，必然会有一批反映本区域特点的目标，即便同一个省在不同的发展阶段也有不同的治理目标。因此，国家治理能力是以国家目标为导向，而各省的治理能力则既要实现国家目标，又要实现本省的目标。清晰正确的发展目标，才是强大的国家和地方治理能力的保证。从一个较长时期看各省的发展，目前主要以五年规划为主导，规划的目标涉及经济、社会、文化、资源环境、人民生活等，体现了政府治理的全面性。所以规划目标的实现程度反映了区域发展的实际情况，是地方党和政府治理能力的重要体现。从目前各省“十三五”规划执行来看，我们将在 2020 年全面建成小康社会，这集中体现各省级治理能力的强大和水平，各省的有效治理所表现的是一整套制度来共同管理各项事务的能力集，五年规划体现了多元主体共同推动规划目标实现的能力，这正是现代国家治理多元主体共同参与的公共治理特征：各级政府、企业、公民等多元参与，通过法律规范、经济激励、行政手段、社会协助、信息网络等多种渠道共同作用。在这个体系中，各省的发展目标是由各省组织实施的，而各省目标的实现程度通过专业技术手段汇总，就会反映出国家五年规划目标的实现程度，所以国家目标从某种程度上看，就是各省级政府具体实施的集合。

三、道路制度决定规划的基本特性

道路是关系党和国家事业兴衰成败的根本问题，我们通过长期的实践探索，创造性地开辟了自己的道路，开创和发展了中国特色社会主义及其制度，从根本上改变了中华民族的前途命运。到今天，“经过长期努力，中国特色社会主义进入了新时代，这是我国发展新的历史方位。中国特色社会主义进入新时代，意味着近代以来久经磨难的中华民族迎来了从站起来、富起来到强起来的伟大飞跃，迎来了实现中华民族伟大复兴的光明前景；意味着科学社会主义在二十一世纪的中国焕发出强大生机活力，在世界上高高举起了中国特色社会主义伟大旗帜；意味着中国特色社会主义道路、理论、制度、文化不断发展，拓展了发展中国家走向现代化的途径，给世界上那些既希望加快发展又希望保持自身独立性的国家和民族提供了全新选择，为解决人类问题贡献了中国智慧和中国方案”。① 历史证明，只有社会主义才能救中国，只有中国特色社会主义才能发展中国。习近平总书记指出：“中国特色社会主义不是从天上掉下来的，是党和人民历尽千辛万苦、付出各种代价取得的根本成就。”放眼全人类社会主义发展历史，我们认为，尽管这一制度是通过改革开放的实践开创并形成的，但其思想理论和实践的源头，与世界社会主义思想的五百多年有不可分割的渊源，从历史的长期过程来考察中国特色社会主义制度，就能充分地认识中国特色社会主义的历史必然性和科学真理性。从马克思和恩格斯创立科学社会主义理论体系、列宁领导十月社会主义革命实践，到中华人民共和国成立后，以毛泽东同志为核心的党的第一代中央领导集体建立起社会主义基本制度，探索适合中国国情的建设道路。20 世纪 70 年代末，尤其是党的十一届三中全会以后，以邓小平同志为核心的党的第二代中央领导集体，重新确立了解放思想、实事求是的思想路线，提出改革开放以鲜活的实

① 《党的十九大报告辅导读本》，人民出版社 2017 年版，第 10 页。

践直接面对什么是社会主义、怎样建设社会主义的重大问题，创立了邓小平理论，成功开创了中国特色社会主义。以江泽民同志为核心的党的第三代中央领导集体，以新的实践确立了党的基本纲领、基本经验，确立了社会主义市场经济体制的改革目标和基本框架，形成了“三个代表”重要思想，开创全面改革开放的新局面。以胡锦涛同志为总书记的党中央，强调坚持以人为本、全面协调可持续发展，形成了科学发展观，在新历史起点上坚持和发展了中国特色社会主义。进入新时代，以习近平同志为核心的党中央，“坚持解放思想、实事求是、与时俱进、求真务实，坚持辩证唯物主义和历史唯物主义，紧密结合新的时代条件和实践要求，以全新的视野深化对共产党执政规律、社会主义建设规律、人类社会发展规律的认识，进行艰辛理论探索，取得重大理论创新成果，形成了新时代中国特色社会主义思想”。①

中华人民共和国成立后，我们学习苏联，开始用五年计划来指导建设社会主义，“一五”计划的成功没有使中国共产党人沉浸于喜悦之中，而是冷静下来思考中国自己的特殊国情。由于政治运动的频繁开展，我们没有沿着这条正确的道路走下去。一直到改革开放以后，才重新开始以五年计划的形式来搞建设，随着社会主义市场经济的提出，传统五年计划方式暴露的问题越来越多，过多地考虑分钱分物的计划与市场经济对政府职能的要求形成博弈。实践中产生的大量问题使我们开始重新审视“五年计划”，要坚定不移地把社会主义市场经济成功地推进下去，必须寻求与之相适应的经济运行指导方式，终于在“十一五”提出了国民经济五年规划，“计划”与“规划”一字之差，却发生了根本的变化。国民经济规划相对于计划而言，以政府为主配置资源转向以市场为主；以战术导向转向战略导向；以分钱物为主转向方向政策引导；以经济量化规模转向经济质量提升……此时，我们清醒地认识到，中国特色社会主义并非完

① 《党的十九大报告辅导读本》，人民出版社 2017 年版，第 18-19 页。

全的自由市场经济，也不是一切由政府主导，而是有效处理好市场与政府的关系，充分发挥好二者的优势。从根本上讲，党和政府通过规划引领着国家经济社会发展按照党的路线、方针和政策运行。从这样的意义上看，规划受制于制度又服务于制度。中国特色社会主义制度决定了我国各级人民政府国民经济和社会发展规划的性质、特征和价值。

四、发展理念成为规划编制的先导

理念思想是行动的先导，古人说："理者，物之固然，事之所以然也。"发展思想理念是发展行动的先导，是管全局、管根本、管方向、管长远的内核，是发展思路、发展方向、发展着力点的集中体现。发展理念正确了，目标任务就易于确定，政策举措也就更好制定了。习近平同志指出："理念是行动的先导，一定的发展实践都是由一定的发展理念来引领的。发展理念是否对头，从根本上决定着发展成效乃至成败。"党的十八大以来，"我们党以巨大的政治勇气和强烈的责任担当，提出一系列新理念新思想新战略，出台一系列重大方针政策，推出一系列重大举措，推进一系列重大工作，解决了许多长期想解决而没有解决的难题，办成了许多过去想办而没有办成的大事，推动党和国家事业发生历史性变革"。① 特别是十八届五中全会提出了创新、协调、绿色、开放、共享发展理念。五大发展理念是我们党在深刻总结国内外发展经验教训、分析国内外发展大势的基础上形成的，凝聚着对经济社会发展规律的深刻认识，体现了党对我国长时期的发展思路、方向和着力点的深刻把握，是习近平新时代中国特色社会主义思想的集中体现，是基本实现社会主义现代化的总体布局。新发展理念兼具"问题和目标"双重导向，既立足于解决当前的各种难题，又着眼于未来的发展目标，这正是各省国民经济和社会发展规划所必须面对的重大问题。从这样的意义上看，国家和省级五

---

① 《党的十九大报告辅导读本》，人民出版社 2017 年版，第 8 页。

年规划也正是习近平新时代中国特色社会主义思想的伟大实践内容之一。

创新发展体现了经济发展规律与经济新动力；协调发展体现了发展系统的全面性；绿色发展体现了人类与大自然和谐共生的基础性问题；开放发展体现了党中央对于世界发展规律的把握；共享发展体现了党中央对发展的社会规律的把握。我国幅员广阔，各省的资源禀赋和发展基础条件有很大的差异，但新发展理念所涉及的各个方面，可以说是对任何省的差异性问题都是包容的，从比较意义和主体功能的角度看，有些省可能更应该体现绿色发展，而有些省则更应该体现开放发展；对处于不同阶段的省，在某时期的五年规划选择重点也是不一样的。正因为这样，新发展理念就成为各省五年规划编制的先导性理念，不论是规划的指导思想和基本原则，还是政策设计与重大工程布局，都必须紧紧围绕新发展理念的要求进行谋划，使新发展理念能够作为贯穿规划的一条红线，通过这条红线，使规划所涉及的宏观环境分析、重大指标定位、产业发展趋势、政策措施分析等都能全面体现新发展理念的基本要求。中国的发展理念不仅具有科学性和系统性，更为重要的是具有可操作性和实用性。由此，中国的发展不断从实践中总结，并进一步指导实践。

规划以五年为一个阶段，但同时又对长期发展做前瞻性的战略思考，每一个五年规划，各个省以总体发展目标为基本导向，结合省情与其发展阶段的特点，具体通过规划去落实党和各级政府的重大任务和发展目标，一个接一个的五年规划完成，才使长远的发展战略得以实现。国家与省级规划比较，省级规划将会更多地考虑在遵循国家规划总体要求的前提下，从本地区的实际情况出发来制定规划。这样，就完全有可能在不同的阶段，部分省级规划与国家规划体现出差异性，这种差异性体现的正是各省根据自身实际情况贯彻落实党的路线方针政策的出发点，也正是把握我国省级五年规划特性的核心和要义所在。

第二节　新时代面临的经济形势与发展趋势

一、全面小康筑就中国迈向现代化的坚实基础

（一）中国已经成为迈向现代化的强大经济体之一

如果我们大致把中华人民共和国成立前30年和后30年的经济进行比较，从相对指标看，1950—1980年中国经济占世界经济的比重基本上没有发生变化，但1981—2000年这一比重提高了近2倍。以1978年为基数，按不变价计算国内生产总值（GDP），2000年的相当于1978年的9.1倍，2010年的相当于1978年的20.5倍，预计2020年GDP为1978年的44倍。与此同时中国20年来居民消费价格指数（CPI）基本在3%上下波动，中国的经济结构也趋于优化。进入21世纪以来，世界经济发展出现了极为复杂的局面，虽然中国经济不能“独善其身”，难免发生一些波动，但保持了稳中有进的基本趋势。中国经济在由高速度转向高中速度的同时，加速了自身结构的调整和内需的启动，发展质量正由中低端向中高端迈进，为世界经济增长所做的贡献不断提升。持续稳定的经济总量增长和逐渐优化的经济结构，奠定了中国迈向现代化社会最基本的物质基础。

（二）供给侧结构性改革造就了巨大的市场潜力

党的十八大以来，我们始终把握结构性调整主线。2016年明确提出全力落实“三去一降一补”任务后，供求关系明显改善，转型升级持续推进，经济运行质量效益不断提高，供给侧结构性改革积极效应不断扩大。一方面减少了低端供给和无效供给，改善了市场供求关系，促使微观主体经营明显好转，发展预期稳中向好；另一方面扩大了中高端供给和有效供给，推动新技术新产业新产品不断涌现，有力支撑市场需求升级和宏观经济的稳定。产业结构不断优化，在减少无效供给的同时促进了产业发展向中高端迈进。现代服务业中的生产性服务业、战略性新兴服务业营业收入的增速快于规模以上服务业增速；工

业中的高技术产业和现代装备制造业增加值快于规模以上工业增速。在供给侧结构性改革作用下，需求升级步伐加快，经济发展动力增强，市场潜力不断挖掘，使消费贡献率稳步提升。

（三）不断创新支撑的新型产业结构

2017年6月全球创新指数（GII）报告显示，中国是唯一与发达国家经济体创新差距不断缩小的中等收入国家，已经成功跻身全球创新领导者行列。在七大类指标中，中国有五大类均有所提升。在未来，创新应该进一步促进经济结构调整，加速发展战略性新兴产业，着力引导、形成符合经济可持续发展方式需求的产业结构，形成知识密集型、资源集约型、生态友好型产业体系。促进高技术产业由装配制造向自主研发、集成创新延伸，提高高技术产业增加值占国内生产总值的比重。大力发展知识经济，通过知识密集型产业带动和推进中国的产业结构转型与就业结构转型。使高技术产业以及知识密集型产业占GDP的比重在2020年达到30%，大体与欧盟和日本的水平相当，和美国的差距迅速缩小。这也标志着中国由物质要素投入为主转变为知识要素、创新要素投入为主的经济体。

（四）城镇化和现代基础设施体系彰显现代化的雏形

1978—2017年，中国的城镇常住人口从1.7亿人增加到8.13亿人，常住人口城镇化率从18%提升到58.5%。与城市化进程相关的房地产业、城市基础设施、公共服务设施、城市居民消费等成为中国经济增长的重要动力。国家新型城镇化规划提出了以信息化、工业化、城镇化、农业现代化“四化同步”的战略，与现代化发展融入一体。中国城镇化促进了城市群加速，城市群是现代基础设施要素的集聚体，如高速公路、高速铁路以及其他交通工具有机组成的大经济圈，或是珠江三角洲城市群、长江三角洲城市群、环渤海城市群。它们在成为带动全国经济社会发展的龙头、全国重要的创新区域、全国重要的人口聚集和经济密集区，乃至世界最具影响力的经济区的同时，决定性地推动了中国现代化的步伐。以国家优化开发和重点开发的城市化地区为主要支撑，以轴线上其他城市化地区为重要组成的城市现代化的格局，重新塑造了以城市化群为主导的中国新现代化经济体系，也成为中国持续增长的强大动力。中国已经成为世界高速铁路的引领者，到 2020 年，全国铁路网全面连接 20 万人口以上的城市，高速铁路网基本连接全国省会城市和其他 50 万人口以上城市。城镇化经济的发展使中国迅速成为世界港口货物吞吐量和集装箱吞吐量第一大国。包括石油管道、成品油管道、天然气管道，航空港和国内外航线等构成的现代化基础设施网络水平得到提升；发电装机容量，以超宽带网为核心的三网合一全国信息网，以世界最大的、以特高压为核心的全国智能电网建设工程，大水电、大核电、大风电等的集约开发和建设，极大地提升了我国综合基础设施现代化水平。中国的城镇化及其伴生的基础设施体系，奠定了中国现代化进程的强大基础。

（五）中国特色社会主义市场经济道路自信成为最根本的保障

中国特色社会主义，就是要回答什么是社会主义、什么是中国特色。所谓社会主义就是社会公共利益至上的社会，是公共的、集体的、社会的。社会主义社会在经济领域实行公平分配，在社会领域健全公共服务，在政治领域推行民主法治，在文化领域倡导道德文明，在生态领域实施环境保护。社会公共利益集中表现为社会成员的幸福最大化，最终体现为民众的幸福感受。所谓中国特色，就是根据中国人口众多、资源短缺的国情创造中国模式的幸福社会，即经济殷实、政治民主、社会和谐、环境清洁、物质低耗、精神愉悦。我们“经过长期努力，中国特色社会主义进入了新时代，这是我国发展新的历史方位。中国特色社会主义进入新时代，意味着近代以来久经磨难的中华民族迎来了从站起来、富起来到强起来的伟大飞跃，迎来了实现中华民族伟大复兴的光明前景；意味着科学社会主义在二十一世纪的中国焕发出强大生机活力”，“中国特色社会主义进入新时代，我国社会主要矛盾已经转化为人民日益增长的美好生活需要和不平衡不充分的发展之间的矛盾”。[①] 要解决好这些矛盾，需要我们比任何时候都更加坚定不

---

① 《党的十九大报告辅导读本》，人民出版社 2017 年版，第 10-11 页。

移地坚持走中国特色社会主义道路。坚持对外开放是中国特色社会主义道路的重要内容。开放使中国及时利用了人类社会发展经济最好的实践成果，在享受全球分工利益的同时，又冲击瓦解了旧体制。以开放促改革促发展，是中国发展的重要结论。坚持市场化是中国特色社会主义道路的改革方向。“经济体制改革必须以完善产权制度和要素市场化配置为重点，实现产权有效激励、要素自由流动、价格反应灵活、竞争公平有序、企业优胜劣汰。”① 改革的核心变化是承认物质利益和保护合法权益。保持政治稳定是中国特色社会主义道路的制度优势。改革把政治稳定作为经济发展的前提条件，“政治制度不能脱离特定社会政治条件和历史文化传统来抽象评判，不能定于一尊，不能生搬硬套外国政治制度模式”。② 中国的经济基础和人民大众不可能接受改旗易帜的政治倒退，中国的历史和文化不可能选择西方的政治民主化，中国需要发展自己特色的民主政治体制，这是走自己道路的根本前提。充分发挥比较优势是中国特色社会主义道路的手段。中国幅员广大，各地都有相对的地理位置、劳动力素质、产业布局、成本以及文化等优势。中国每个成功的省（区、市）都有区域特色发展的模式，其独特之处在于利用了本地区所具备的比较优势，激励潜在经济发展变量发挥了正能量。文化底蕴发挥是中国特色社会主义道路的支撑，中国古老文化传统的正能量精髓在改革开始就起到重要作用，主要是按照循序渐进的中国文化特点摸索改革路径。“和为贵”的思想和宽大包容的风格与各类经济因素结合起来，不断扩大全社会正能量，我们从社会、国家和个人三大层次凝练的社会主义核心价值观正在从“贴在墙上”向“印在心上”到“落在行动上”实现梯次转变。而这一切将组成强大的国家综合软实力。

以习近平同志为核心的党中央开新局、谋长远、解难题、办大事，推动中国特色社会主义进入新时代，我们“必须认识到，我国社会主要矛盾的变化是关系全局的历史性变化，对党和国家工作提出了许多

① 《党的十九大报告辅导读本》，人民出版社 2017 年版，第 33 页。

② 《党的十九大报告辅导读本》，人民出版社 2017 年版，第 35 页。

新要求。我们要在继续推动发展的基础上，着力解决好发展不平衡不充分问题，大力提升发展质量和效益，更好满足人民在经济、政治、文化、社会、生态等方面日益增长的需要，更好推动人的全面发展、社会全面进步”，① 不断开拓创新，以新的精神状态和奋斗姿态把中国特色社会主义推向前进。

二、2020—2035 年中国迈向基本现代化的发展因素

曾经的现代化概念是以 GDP 为目标，以财富为尺度，以消费为追求，由此导致人类对物质欲望的膨胀，这种欲望一度超过了地球资源与自然生态的承载力。中国加入全球现代化行列，经济快速发展，但问题同样严峻，中国的现代化道路应该怎么走？党的十九大确立了未来 30 年的发展蓝图，从 2020 年到 2035 年，是我国经济实力、科技实力大幅跃升，跻身创新型国家前列的阶段；是人民平等参与、平等发展权利得到充分保障，法治国家、法治政府、法治社会基本建成，各方面制度更加完善，国家治理体系和治理能力现代化基本实现的阶段；是社会文明程度达到新的高度，国家文化软实力显著增强，中华文化影响更加广泛深入的阶段；是人民生活更为宽裕，中等收入群体比例明显提高，城乡区域发展差距和居民生活水平差距显著缩小，基本公共服务均等化基本实现，全体人民共同富裕迈出坚实步伐的阶段；是现代社会治理格局基本形成，社会充满活力又和谐有序的阶段；是生态环境根本好转，美丽中国目标基本实现的阶段。从 2035 年到 2050 年，我国物质文明、政治文明、精神文明、社会文明、生态文明将全面提升，实现国家治理体系和治理能力现代化，成为综合国力和国际影响力领先的国家，全体人民共同富裕基本实现，我国人民将享有更加幸福安康的生活，中华民族将以更加昂扬的姿态屹立于世界民族之林。②

（一）中国要走自己的现代化道路

中国的幸福之路就是中国特色社会主义现代化之路，包括三个基

① 《党的十九大报告辅导读本》，人民出版社 2017 年版，第 11-12 页。

② 《党的十九大报告辅导读本》，人民出版社 2017 年版，第 28-29 页。

本要素。物质财富要素是现代化的最基本的物质基础；社会特性要素是现代化的制度和政治优势；文化精神要素是现代化的软实力。

面向未来，中国的现代化道路要坚固物质基础、发挥政治优势和提升软实力仍然艰难曲折，以习近平同志为核心的党中央，坚持问题导向与长远发展相结合，注意了以下重大关系的处理。在物质基础上处理好两大关系。一是经济发展与道路选择的关系。物质是第一性的，但道路的选择会决定创造物质的路径，在发生严重经济危机的时候，经济危机往往导致经济思想自身的革命。2008 年金融危机后，国内外学术界对经济体系、国际经贸、经济政策等均进行了反思，这正说明了这个问题的极端重要性。不论是理论者还是实践者都在对市场自身的有效性、稳定性和公正性发出质疑，对新自由主义思潮及其政策实践进行反思。而中国人民对自己的道路自信明显超越了西方，如何在回顾过去、坚定信心的同时面向未来、主动谋划自己的现代化道路成为了重要的问题。就在这个关键节点，党的十九大确立了我国发展新的历史方位，即“中国特色社会主义进入了新时代”，“这个新时代，是承前启后、继往开来，在新的历史条件下继续夺取中国特色社会主义伟大胜利的时代，是决胜全面建成小康社会、进而全面建设社会主义现代化强国的时代，是全国各族人民团结奋斗、不断创造美好生活、逐步实现全体人民共同富裕的时代，是全体中华儿女勠力同心、奋力实现中华民族伟大复兴中国梦的时代，是我国日益走近世界舞台中央、不断为人类作出更大贡献的时代”。① 在这个时代，必须长期坚持的就是习近平新时代中国特色社会主义思想，这就是我们旗帜鲜明的选择。二是处理好去产能与新动能培育的关系。我国过去经济发展主要是靠固定资产投资的外力拉动，缺乏创新又导致制造业处于全球价值链“微笑曲线”下端，自主研发能力弱，产业弹性应对机制较差，多年高强度的投资加上危机应对中的投资强刺激，形成了部分产能过剩，需要“坚持去产能、去库存、去杠杆、降成本、补短板，优化存量资源

① 《党的十九大报告辅导读本》，人民出版社 2017 年版，第 10-11 页。

配置，扩大优质增量供给，实现供需动态平衡”。“建设现代化经济体系，必须把发展经济的着力点放在实体经济上，把提高供给体系质量作为主攻方向，显著增强我国经济质量优势”。① 与此同时，新一轮技术革命正在改变着世界产业结构，要瞄准世界科技前沿，强化基础研究，实现前瞻性基础研究、引领性原创成果重大突破。牢牢抓住新产业革命的重大机遇，统筹好两者关系非常重要，是两者并进，还是“做大增量，化解存量”，需要针对不同产业进行细分研究。关于“互联网＋”与传统特色产业发展的关系。互联网等新技术将重新定义未来的经济，新的产业变革已经来临。一方面，世界正在朝着“智能化社会发展”，使人类享受着智能革命带来的便利；另一方面，世界进入了体验经济和个性消费的长尾时代，传统的特色产品、地方文化遗产、特色农产品、手工艺等具有原生态和传统要素又开始被热捧。现代与传统的结合，既顺应世界潮流与时俱进，又不放弃自身的特色，将是我们必须面对的一项重要问题。

在社会发展上处理好两大关系。一是城镇中国与乡村中国的关系。尽管对大力发展城市还是加快建设美丽乡村在理论和实践中多有争论，但清晰的国情已经给出了明确的答案，我们既需要大中城市的集聚经济特征来促进资源的有效配置和集约化利用，解决中国人口压力问题，也需要实施乡村振兴战略，以美丽乡村建设来保持生态绿色环保，减缓交通人口压力，打造更加人性化的宜居等。从综合水平上比较，我国美丽乡村建设更有条件追赶发达国家，这也有利于快速缩小城乡差距，应该“按照产业兴旺、生态宜居、乡风文明、治理有效、生活富裕的总要求，建立健全城乡融合发展体制机制和政策体系，加快推进农业农村现代化”。② 随着互联网、大数据、分布式智能制造及我国高铁的迅猛发展，原有的时空界限发生变化，对此应有前瞻性的思考。二是处理好经济发展与生态环境的关系。环境污染成为世界性难题，则是发达国家从 18 世纪中叶以来的工业粗放发展所带来的，到今天，

① 《党的十九大报告辅导读本》，人民出版社 2017 年版，第 30 页。
② 《党的十九大报告辅导读本》，人民出版社 2017 年版，第 31 页。

发展中国家必须通过发展来改善民生，这样的生存性排放也无可避免要带来一定的污染，从而加重环境污染的程度。我们要发展，但又必须防范环境污染达到极限，这又会给人民生活带来巨大灾难，经济发展也会毁于一旦。如何在经济发展水平不高的条件下，处理好环境污染对经济的负面影响，“人类必须尊重自然、顺应自然、保护自然”，“既要创造更多物质财富和精神财富以满足人民日益增长的美好生活需要，也要提供更多优质生态产品以满足人民日益增长的优美生态环境需要”。①

在文化精神要素上要处理好文化与物质的关系。我国的五年规划是国民经济与社会发展规划，但是，长期以来重经济轻社会文化的现象比较严重，党的十九大报告强调，文化是一个国家、一个民族的灵魂，文化自信是一个国家、一个民族发展中更基本、更深沉、更持久的力量。价值观是文化最深层的内核，价值观自信是文化自信最本质的体现。中国独特的文化传统、独特的历史命运、独特的基本国情，注定我们必须坚守根植于中华文化沃土又具有当代中国特色的价值观。只有持续培育和践行社会主义核心价值观，大力传承和延续中华民族思想精髓、精神基因、文化血脉，才能更好地构筑中国的精神、价值和力量。我们承认物质的第一性，但精神对于物质的发展是不可或缺的，如果五年规划长期忽略文化价值观，最终将影响到我们究竟走什么道路的重大问题。在新时代，省级五年规划需要处理好物质与文化的关系。首先，要把社会主义核心价值观融入社会发展各方面，转化为人们的情感认同和行为习惯。我们必须以高度的政治自觉，切实抓好任务落实，推动社会主义核心价值观建设取得新的更大进展。充分发挥社会主义核心价值观的引领作用，在规划中，要强化对国民教育的引领，强化对精神文明创建的引领，强化对精神文化产品创作生产传播的引领。其次，要充分发挥中华优秀传统文化的滋养作用，要坚持创造性转化、创新性发展，大力实施中华优秀传统文化

① 《党的十九大报告辅导读本》，人民出版社 2017 年版，第 49-50 页。

传承发展工程，深入挖掘中华优秀传统文化蕴含的思想观念、人文精神、道德规范；要坚持古为今用、推陈出新，不忘本来、辩证取舍，深入阐发中华文化讲仁爱、重民本、守诚信、崇正义、尚和合、求大同等核心思想观念；要充分运用传统文化中的道德教化资源，深化孝老爱亲教育、诚信教育、勤劳节俭教育，着力发展乡贤文化、弘扬企业精神。

（二）中国已经具备迈入基本现代化的诸多有利条件

首先是发展理念上的现代化。以习近平同志为核心的党中央高屋建瓴，针对我国面对和即将面对的国际国内环境，与时俱进地不断提升对中国经济发展模式的理论认识。从“包容性增长”到“可持续发展”，再到以人为核心的社会全面进步，特别是党的十九大再次强调了创新、协调、绿色、开放、共享的新发展理念，建设现代化经济体系，这反映了中国共产党人对于发展问题的全新思考。从“科学”到“人本”的升级，从对经济数字的关注到对人民的关切，从对金钱的追求到对幸福的追寻，从 GDP 增长到可持续、包容性发展，从效率优先兼顾公平到效率和公平并重，充分说明了我们党和国家的发展观在与时俱进向前发展。其次，深刻认识到全面深化改革是新动力。“只有社会主义才能救中国，只有改革开放才能发展中国、发展社会主义、发展马克思主义。必须坚持和完善中国特色社会主义制度，不断推进国家治理体系和治理能力现代化，坚决破除一切不合时宜的思想观念和体制机制弊端，突破利益固化的藩篱，吸收人类文明有益成果，构建系统完备、科学规范、运行有效的制度体系，充分发挥我国社会主义制度优越性。”① 所有这一切都取决于改革的全面深化推进。中国改革开放成功的重要经验包括渐进式、摸索调整、试错、纠错机制等多方面，由于国情所在，改革在宏观经济层面有赖于“顶层设计”，通过探索来建立最优化的治理结构和管理模式；在地区社会治理层面则需要“基层探索”，以充分发挥中央和地方的“两个积极性”，妥善处理好中央

① 《党的十九大报告辅导读本》，人民出版社 2017 年版，第 21 页。

和地方的分权关系，以避免各方面包括利益集团的阻挠，防止改革“空转”。再次，设计新背景下对外开放的新路径。“实现中国梦离不开和平的国际环境和稳定的国际秩序。必须统筹国内国际两个大局，始终不渝走和平发展道路、奉行互利共赢的开放战略，坚持正确义利观”。① 要充分释放开放对改革的促进作用，在新背景下设计中国对外开放的新路径需要更广阔的视野。中央已经注意到新路径是在现有基础上更深入、更全面的开放。在新背景下，要对开放中出现的问题及时进行调整：开放层级从单纯“引进来”到“引进来与走出去”相结合；对外贸易从利用比较优势到更多地利用竞争优势转变；投资从利用区位优势到更多地利用股权优势转变；政策治理加强国内政策改革与国际经济治理结构相结合。开放新路径将和全面深化改革共同为中国经济长期发展带来巨大的红利，推动中国经济走向中高端。

我们迈入基本现代化的最大底气是有坚定的自信。中国人民走自己的路，具有无比广阔的舞台，具有无比深厚的历史底蕴，具有无比强大的前进定力，自信者强。民族的自信与其兴衰荣辱相交织，中华民族的自信植根于中华文明醇厚的文化沃土，来源于中华民族不屈不挠的精神，坚定于中国共产党的正确领导，升华于马克思主义的科学理论。实践是检验真理的唯一标准，而真理是坚定自信的理论源泉。从民族独立、人民解放，到国家富强、人民幸福，马克思主义基本原理与中国革命建设实践相结合，带来中国的不断飞跃，推动中华民族跨越式前行。到了 21 世纪 20 年代，“我们党团结带领全国各族人民不懈奋斗，推动我国经济实力、科技实力、国防实力、综合国力进入世界前列，推动我国国际地位实现前所未有的提升，党的面貌、国家的面貌、人民的面貌、军队的面貌、中华民族的面貌发生了前所未有的变化，中华民族正以崭新姿态屹立于世界的东方”。② 中国以新的姿态不断强化自信，倡导构建人类命运共同体、推动全球治理，谋求共同

① 《党的十九大报告辅导读本》，人民出版社 2017 年版，第 25 页。

② 《党的十九大报告辅导读本》，人民出版社 2017 年版，第 10 页。

发展，展现大国风范，引领前行方向。

（三）存在复杂成分和风险的现代化道路

我们对迈入基本现代化充满着必胜的信心，也同时看到问题的存在，事物都具有两面性，有正能量就必然有负能量，有作用力就有反作用力。中国经济的发展有着潜在的风险，尽管多项宏观经济指标在改善，经济运行微观基础有所增强，实体经济向好的动能逐步体现，但整体经济仍处于周期性下滑阶段，并积聚了各种风险和结构性矛盾。也面临不少困难和挑战。“发展不平衡不充分的一些突出问题尚未解决，发展质量和效益还不高，创新能力不够强，实体经济水平有待提高，生态环境保护任重道远；民生领域还有不少短板，脱贫攻坚任务艰巨，城乡区域发展和收入分配差距依然较大，群众在就业、教育、医疗、居住、养老等方面面临不少难题；社会文明水平尚需提高；社会矛盾和问题交织叠加，全面依法治国任务依然繁重，国家治理体系和治理能力有待加强；意识形态领域斗争依然复杂，国家安全面临新情况；一些改革部署和重大政策措施需要进一步落实；党的建设方面还存在不少薄弱环节。”①

尤其是发展不平衡之一的财产贫富分化是风险的重要因素。《21世纪资本论》作者托马斯·皮凯蒂于2017年计算出1978—2015年中国居民的收入分配和财富分配情况。上述情况具有以下特征。一是国家财富收入上升且结构发生变化。国家财富收入比近40年来翻了一番，财富的构成也发生了很大变化，农业用地份额大幅下降，国内资本等资产份额大幅增加。二是三个群体收入呈分化现象。高端1%群体占全部居民收入的比重迅速上升，而低端50%群体的比重下降，中端40%群体的比重基本稳定。三是中国的私人财富与国家收入比和西方国家很接近。2015年中国的私人财富与国家收入比为450%，美国为500%，英国和法国为550%～600%。中国高端1%群体收入占全部居民收入比重达到14%，而同期美国达到

① 《党的十九大报告辅导读本》，人民出版社2017年版，第9页。

20%；中国低端群体收入占全部居民收入比重约15%，而同期美国仅为13%。

我国经济发展赖以依靠的需求基础也发生着剧烈的变化，国外需求受复杂国际经济政治环境的影响，从2008年以来一路下行。一些西方国家破坏WTO规则，搞单边保护主义，企图阻止全球一体化进程。我们也应该看到，我国的确存在局限，除了我国庞大的生产力要依赖于国际市场外，很多关键领域的核心技术没有掌握，多个领域的发展受到限制。

三、2035年我国基本实现社会主义现代化的发展分析

中国从实现全面小康基础上开始迈向现代化，其定量分析基于三个大前提：面临前所未有复杂多变的国际经济政治形势；经历40年的改革开放奠定了物质和精神基础；党的十九大确立了2035年基本实现社会主义现代化的目标。

（一）创新作为现代化关键动力的定量分析

必须从根本上提升创新能力。在众多的国家战略资源中，人才资源是第一资源。中国是科技人力资源大国，研发人员数量稳步增加，2010年比1980年翻了两番多。要实现现代化必须由人口大国向人才强国转变，预计到2020年，接受过高等教育的人口将超过2亿人，2035年达到4亿人，各类专业技术人员达到2亿人，科学家和工程师达到600万人。届时，人才资本作为经济运行中的核心投入要素，通过自身形成的递增收益和产生的外部溢出效应，对经济发展所做出的贡献份额，即人才贡献率，预计2020年和2035年将分别达到35%和58%。进入21世纪，中国出现了前所未有的科技创新成果加速性增长，正在打破由西方主导的世界经济、贸易以及科技创新格局。科技创新强国表现为科学创新能力、技术创新能力、科技人力资本、科技投入能力和科技市场能力占世界份额全面增强。同时，反映国家科技实力的科学论文发表量、专利申请量、研究开发支出以及高技术产品出口等主要指标占世界比重预计2020年分别达到16.5%、27%、

24%、35%；2035 年达到 18.5%、29%、26%、41%。①

基于以上定量分析预测，可以对 2035 年我国的综合科技实力做一个基本判断。科技实力是指为了追求和实现国家发展战略目标，在全国和全球范围内利用各种科学技术资源的能力。尽管以上指标还不能完全代表一个国家的综合科技实力，但如果再加上个人电脑和互联网用户与各经济发达体进行比较，我国在 2020 年综合科技实力将大大增强，在 2035 年将进入世界前列梯队。

（二）协调共享水平作为强国重要标志的定量分析

2020—2035 年，我国将迎来从全面建成小康社会到基本实现社会主义现代化的时代，“人民生活更为宽裕，中等收入群体比例明显提高，城乡区域发展差距和居民生活水平差距显著缩小，基本公共服务均等化基本实现，全体人民共同富裕迈出坚实步伐”。② 我国的区域差距在改革开放初期就存在，这与区域的资源禀赋、生产力布局、科研水平以及人口密度等都有直接的关系。我们基于改革开放以来主要指标相对差异的变化特征，特别是从新时代治国理念要求分析，预计到 2035 年，基本实现不同地区、城乡与不同人群间发展水平的一致化；城乡居民的生活水平差异略大于公共服务差异，但差别并不显著；城乡居民收入和各地区经济发展水平差异大于前两者，但差异系数明显下降。公共政策在调节多维差距上的能力越来越强，手段越来越多，力度越来越大，覆盖全体人民的基本公共服务体系和高水平社会保障体系基本形成。到 2035 年，人均 GDP 差异系数降到 0.25 左右，城乡恩格尔差异系数为 0.06，人口预期寿命差异系数为 0.06。

人类发展指数（HDI）是联合国开发计划署衡量各国经济社会发展水平的指标，该指数是以“预期寿命、教育水平和生活质量”为基础变量得出的综合指数。预测到 2035 年，我国各省该指数的差异系数降至 0.1 以下，协调性达到较高程度。2010 年中国的人类发展指数为 0.663，处于中等人类发展水平，到 2020 年绝大多数省份都将处于高

① 资料来源：根据相关历史数据作者测算。

② 《党的十九大报告辅导读本》，人民出版社 2017 年版，第 28 页。

人类发展水平，2035 年中国人类发展指数将排在世界的第 35 位左右（2015 年排第 91 位）。

个人收入水平是反映差距的重要指标，预计到 2035 年，中等收入群体占有财富占总财富的比重将达到 45%。随着制度的成熟和完善，高收入群体占有财富的比重也会较大幅度下降，低收入群体占有财富的比重将上升到 22%，构成稳固的橄榄形收入结构。

基本公共服务体现了群众最直接、最现实的切身利益。从现在到 2035 年，基本公共服务体系将逐步从目前的低水平、广覆盖过渡到未来的高质量、同质化。尽管届时城乡、地区的经济发展水平和收入水平还有差距，但基本公共服务均等化水平已经实现，不再因存在城乡或地区的身份差别，而影响接受基本公共服务的数量和质量。社会保障体系在 2020 年可以实现基本社会保障全覆盖，到 2035 年实现较高水平的社会保障全覆盖。人人享有社会保障，保障机制和体制基本健全，保障的统筹水平大幅提高，社会保障项目实现可转移、可接续。以上预测基于以下的分析判断：随着我国城镇化水平的提高，城市人口比重越来越高，预计到 2020 年的城镇化率达到 60%左右，2035 年接近 70%左右。按照二孩政策的高生育率测算（没有考虑全面放开生育政策的因素），我国未来人口总量在 2030 年左右达到高峰值，接近 14.7 亿，如果考虑当时的城镇化率为 65%，那么城镇人口为 9.5 亿，农村人口 5.2 亿。结合我国正在进行的延长退休年龄因素，18～65 岁年龄段人口将视为劳动力，人均预期寿命超过 80 岁。①

（三）开放作为强国主要手段的定量分析

开放带来进步，封闭必然落后。2018 年 4 月 10 日，习近平主席在博鳌亚洲论坛向全球宣布，中国将大幅度放宽市场准入，创造更有吸引力的投资条件，加强知识产权保护等一系列积极措施，这昭示着中国开放的大门只会越开越大。对任何发展中国家而言，开放都是从

---

① 资料来源：根据相关历史数据作者测算。

引进为主到“引进来走出去”相结合；由“面向全球”到“走向全球”。国际经济一体化表现为国际贸易和国际投资一体化。同样，一国对外开放在很大程度上也表现为对外贸易和投资的水平。随着新兴国家在国际贸易体系中的角色日益凸显，中国在此方面的地位突出，2016 年中国进出口总额达到 3.6 万亿美元，跃居世界前列。到 2030 年前后，中国将从净出口国转变为净进口国，从投资净流入国转变为净流出国，成为世界最大对外投资国。预计到 2020 年，中国进出口贸易及对外直接投资占世界比重将分别达到 15%和 20%；到 2035 年达到 22%和 28%左右。①

（四）绿色发展作为强国主要特征的定量分析

中国的发展经历了对生态环境由低级到高级的认识过程。从强调 GDP 是“金山银山”的“边污染、边治理”“先污染，后治理”，到“先金山银山，后绿水青山”，再到“要金山银山，也要绿水青山”，最终确立“绿水青山就是金山银山”的理念，党的十九大再次强调了“推进绿色发展。加快建立绿色生产和消费的法律制度和政策导向，建立健全绿色低碳循环发展的经济体系。构建市场导向的绿色技术创新体系”，“倡导简约适度、绿色低碳的生活方式”。② 表明了党和国家对绿色生态认识的高度自觉，充分表现出中国在未来发展中的绿色信念。到 2035 年，主要污染物排放总量显著减少，固体废物处理率达到 93%，城镇污水处理率达到 98%。主要环境质量指标达到发达国家水平，七大水系国家控制断面好于Ⅲ类比例提高到 90%，近岸海域一、二类海水的比例提高到 92%，空气质量标准达到二级以上城市比例基本全覆盖。2020 年和 2035 年，森林覆盖率将达到 23%和 28%，水土流失面积下降到 31%和 22%，二氧化碳排放占世界比重下降到 26%和 23%。形成人与自然和谐共生的社会形态，人类生产消费活动与自然生态系统实现协调绿色发展。③

① 资料来源：根据相关历史数据作者测算。

② 《党的十九大报告辅导读本》，人民出版社 2017 年版，第 50 页。

③ 资料来源：根据相关历史数据作者测算。

（五）经济总量增长的定量分析预测

中国在1978—2017年创造了人类历史上高速度高稳定的经济增长奇迹，GDP年平均增长率8.7%，其间GDP的波动系数仅为0.30。① 综合各方面情况，今后20年经济发展高速度将随着规模增大而下调，质量结构向高级转变。这20年我们将面临一些新情况，在经济领域，基数增大使资源、环境的硬约束加大，特别是21世纪20年代后期，世界右翼势力抬头，区域经济和单边贸易保护主义严重冲击全球经济一体化，在非经济领域，一些国家在中国周边频频挑起领土和领海事端，对发展会形成一定的影响，经济边际增长率会下降。

对我国经济运行的分析，要站在经济长周期和结构优化升级的角度，把握经济发展阶段性变化，保持战略定力。从近25年周期运行分析，中国在1990—2015年GDP增长速度曲线呈现朱格拉周期的一些特点，1990年到1999年再到2009年有两个波动期，2010年冲上一个高位点后呈现中期回落势态，一直到2016年的7.1%，前两个周期有明显的朱格拉特征。但中国经济不可能完全遵循朱格拉周期波动，因为我们目前处于一个极其复杂的内外部环境，这加剧了对未来发展分析的不确定性。但世界的基本主流是和平与发展，中国发展的基本面仍然向好，发展依然是主题。基于这些分析，在基本不考虑通货膨胀和汇率发生大变化的情况下，以现价（2017年中国GDP总量为82.7万亿元）预计2020年中国GDP总量可以超过100万亿元，2035年将在此基础上再翻一番多，达到250万亿元左右。中国占世界经济总量的比重2020年接近20%，2035年达到30%左右。按支出法计算的国内生产总值投资与消费贡献约为3∶7；三次产业出现以现代服务业为绝对引领的结构，2020年和2035年预计分别为6∶38∶56和3∶30∶67。②

纵观世界各国的发展历程，只有少数国家成功地应对了进入中等收入阶段后发展中的问题，中国是个大国，解决这些问题的难度更大。

① 数据来源：作者根据历年《中国统计年鉴》数据测算。

② 资料来源：根据相关历史数据作者测算。

但今天我们比任何时候都更加自信，党的十九大全面回答了中国需要什么样的发展和怎样发展的问题，指引了前进的方向，中国特色社会主义已经进入了新时代。我们一定能在继续推动发展的基础上，更加注重提升发展质量和效益，更加注重满足人民日益增长的美好生活的需要，更加注重推动人的全面发展和社会全面进步。中国将迎来共同发展、共同繁荣和共同富裕的新征程。

第三节　本课题研究的目的

到目前为止，我国还没有一部相对全面研究省级五年规划的成果，清华大学国情研究院认为，在新时代来临并即将进入全面开展“十四五”规划重大前期问题研究的历史背景下，有必要认真完成这项工作。

一、全面揭示省级五年规划体系

由于我国五年规划体系在省级层面实施有较大差别，加上资料获取的不完整性，本研究重点从近 20 年的实际出发，但也会涉及此前的一些重要问题。我国从 1958 年提出计划分级管理体制，到 2005 年提出“三级分类”规划管理体系，其间调整多次，核心始终是围绕调整规范中央与地方、综合与专业部门间的关系。当前的发展规划纵向按照行政层级划分，分为国家、省（区、市）、市县三级，其中以时间为主轴的总体规划，主要指国家和各省（地市县）制定的国民经济和社会发展规划是最权威的规划，因为只有这类规划要经过同级最高权力机关人民代表大会审议通过，从理论和实践意义上讲，是最具有代表性且法定意义上层次最高的规划。此外，还有以空间为主轴的主体功能区规划和以某一特定领域为主轴的专项规划，以及跨重点区域的区域规划。本研究仅涉及省级五年规划的纵向和横向关系，特别是全面揭示规划从谋划编制到实施评价全过程的状况，并在此基础上，总结实践理论价值，发现问题缺陷，提出改革优化方向，简要分析

2020年至2035年的国际国内大势，为各省编制“十四五”规划提供前瞻性报告。

二、全面展现省级五年规划的实践机制和价值

我国的省级五年规划编制程序与国家级五年规划基本一致，在操作中有两个较大的区别。首先是党委规划建议的起草组织方式。与中央不同的是，长期以来，省级党委建议对发展规划部门起着较大的作用，有些省甚至是直接由发展规划部门起草后报告党委审查批准。近年来，这种状况有所改变，党委越来越重视建议的起草，绝大多数都由党委直接组织专门班子起草。其次是规划执行和评估机制。部分省是与年度计划紧密结合，将年度计划的执行进度与五年规划进行对比，同时进行中期评估，并向同级人民代表大会报告。较多的省是进行中期评估，主要是对进度指标进行分析测算，以此作为后半期规划调整的依据。中期评估由发展规划部门组织进行，一些省在此方面做了积极的探索，如重庆对“十二五”规划中期评估从国外著名咨询机构、国内咨询机构和自我评估三个角度开展；较少部分省不太重视执行评估，据有关资料，在“十二五”时期还有极少部分省不重视评估或流于形式，规划编制后就搁置一边，只是在五年结束时就部分指标向人民代表大会作对比情况的报告，曾经有人将这种不重视规划的行为总结为：“规划规划、写写画画、程序复杂、隆重通过、墙上挂挂、最后火化”。这样的描述尽管出格，但也的确反映了极个别地方对规划的敷衍态度。

从实践价值上看，省级规划主要体现区域的全局性和系统性，制定规划必须着眼长远，不仅要分析当前的形势，还必须预测国内外发展的新情况、新变化、新特点，展望未来的发展方向。省级规划是优化公共资源配置的主要手段，规划能够弥补市场机制的盲目性，基于分散信息的市场微观层面并不能达到宏观最好效益，而规划却能在宏观层面对于整体性进行协调，从而有效弥补市场在公共品资源配置上的失灵。省级规划是推动区域经济社会发展的重要手段，可以“集中

力量办大事”，通过加强对基础设施投资、人力资本投资和产业引导等措施促进经济更好增长；省级规划可以通过划定发展底线来调控发展，如粮食安全、资源开发、生态环境等，最终形成各地区的发展综合底线。省级规划具有信息引导功能，规划从重大问题研究开始就面向社会面向公众，各级各层面的广泛讨论，向全地区传达了未来一段时间经济社会发展趋势、方向和政策等重要信息，这有利于社会各界了解和掌握全局及重要领域的预期状况，并据此确定本行业本领域的相应发展措施。

三、全面总结省级五年规划的创新形式

我国“九五”以来的规划（计划）创新与其转型有非常直接的关系，从严格意义上说，国家与省级的创新转型具有同步性，这是因为国家规划部门尽管不是省级规划部门的直接领导，但在实际工作中有着非常密切的联系，往往是国家的行动很快就会传递到省级。国家和各省从计划模式到市场模式下的规划（计划）转型充满着创新的内容，一些省创新特色还十分突出。20 世纪 90 年代随着苏联解体和东欧剧变，社会主义国家经济体制纷纷转轨，彻底抛弃计划体制，在经济管理体制上普遍硬着陆，引起强烈的动荡。中国也进行了计划体制的转轨，但既没有硬着陆，也没有死抱着计划体制，而是采取了渐进式的转化，表现出较强的灵活性和创新性，通过渐进改革实现了成功的转型，重新焕发出体制的活力。发展计划不但没有随着计划经济的瓦解而消失，反而持续活跃在政策舞台的中心，发挥着日益重要的作用。相对于国家规划，省级规划更多地表现在复杂的中微观经济领域，而中微观系统的决策又更多地受到快速变动市场的影响，如果按计划指令进行企业生产无法应对快速的供需变化，再详细的计划也不可能取代变化的市场，因为计划必然面临及时信息不对称的问题。所以物质供求计划面对市场明显存在失灵问题。但同时纯粹的市场调节完美也是一个神话，即使市场经济的鼻祖亚当・斯密本人也并不主张完全的“自我调节”市场，而认为同时需要一个强大的国家，以创造与催生市

场，调节市场运行，积极干预市场。市场与计划各有所长，各有所短，需要相互补充与相互促进才能创造出最佳的经济成就，这是中国经济体制转型的内在历史逻辑，也是五年规划（计划）转型的历史逻辑。很明显，相对于中央国家计划，省级计划对微观的适应性显得更加重要。我们并没有因此而放手让省级计划去自寻其道，就改革创新而言，国家和省级规划（计划）仍然经历了一个统一的计划经济到计划经济为主、市场调节为辅，有计划的商品经济并逐渐转向市场经济的过程。

与此同时，五年规划（计划）的功能定位也在发生变化，从对生产、基本投资进行计划到强调计划对经济调节作用，再到对政策方向和改革开放总体部署做出规定，国家“九五”计划定位为宏观性、战略性和政策性规划，指标主要是宏观指标。同时实物量指标不断减少，虽然还有少量实物量指标，但也是预测性的。“十一五”规划是第一次用“规划”代替“计划”，这个规划被评价为具有全面性和综合性，标志着计划进入“发展战略规划”期，经过近六十年的探索与实践，五年计划已经从苏联原创引入转化为中国特色，成为体现中国体制优势的重要组成。省级规划（计划）基本上是随着国家变化而变化的，但由于我国生产力布局非均衡性较突出，各省份物质短缺程度不一，所以在实物量指标上减少程度是不一样的，加上对计划市场认识水平的差异，各省在总体方向一致的背景下，其具体的方式是不一样的。作者查阅了几个省从“六五”（开始将经济计划改为经济、社会发展计划）到“八五”的计划，其中直接安排物质生产的内容仍然占较大比例。以重庆市为例，“六五”计划直接按行业计划生产数量，“七五”计划重点转向大型基本建设和限额以上技术改造项目，从“八五”计划开始就转向工农业主要产品产量，并且开始注重效益、质量以及人民生活与社会发展水平。在创新方面，有不少省从实际工作中发现了问题就着手先行探索，如针对规划之间彼此不衔接，从 2005 年开始，上海、浙江、江苏、重庆等地以及国务院部分部委就着手开展“多规合一”的创新探索。

专栏 1-1　城市“多规合一”共性问题的五个原则

长期以来，我国城市规划中存在着“纵向”的部门垂直管理和“横向”的多规并行、复杂交错问题。城市规划难以发挥对城市发展的引领作用，迫切需要推动“多规合一”破解难题、落到实处、发挥效力。从各地的实践来看，“多规合一”要破解难题、落到实处、发挥效力，应该遵循以下五个原则。原则一：总体统领、远近结合，全面与专项相融合。“多规合一”的直接目的，在于实现城市资源的全面空间统筹，解决以往城市成长中各类要素资源与经济社会活动在空间、时间上不协调、不平衡的矛盾。这就需要以总体规划为引领，以主体功能区规划为基础，在规划层面上统一发展理念；需要使城市发展远景目标与近期任务相结合，中长期规划与远期规划相衔接，避免城市规划的断裂，为城市发展的延续性奠定制度基础；需要使城市总体规划与各专项规划相衔接，避免建设方案的反复，消除城市发展的未来隐患。原则二：建立“地方主抓，部门放权”的体制机制。规划是党总揽全局、协调各方、落实科学政绩观的重要抓手。“多规合一”既涉及发展改革、国土，环保、农业、交通等多部门的横向协同，又关系到与各部委、省政府各部门的纵向贯通。党委领导亲自主抓，上下联动，协调推进，是推动“多规合一”试点、实现城市统筹发展中最重要的经验和制度安排。这就要求由地方党政主要领导担任规划领导小组组长和副组长，确保城市发展规划的科学性与有效性。原则三：以具体问题为导向，正确处理好三层关系。“多规合一”的主要目标，是为了解决现有规划体制和规划体系中存在的缺陷。一要协调好“条条规划”的部门上下关系，既要改革完善政府管理体制，又要保证政令畅通，贯彻上级各部门的总体部署。二要处理好各级各部门之间的左右关系，既要体现“一张蓝图严格管控”的管理要求，又要统筹好部门间横向分工的协作关系。三要处理好政府部门、社会各界和市民群众之间的内外关系，为形成和推动规划共识创造良好的外部环境。原则四：整体把握与分阶段实施相统一。“多规合一”是一项涉及各领域、多方面的系统性工程，离不开大量的前期地理测绘与数据处理工作，还需要政府具备较高的信息化管理水平。因此，推动“多规合一”必须结合实际，整体把握、阶段推进，按照“更新观念、总规先行、搭建平台、培养人才”的部署，协同推进“多规合一”的改革。原则五：政府、市场和市民共同缔造。“多规合一”的根本目的，在于探索“以人民为本”的城市建设和发展新模式，这就有赖于自上而下与自下而上相结合的多轮规划决策机制，以“专题调研、党委常委会研究、专题讨论会、专家学者论证、吸纳各界意见”等方式，促进综合规划的科学决策、民主决策和依法决策，统一规划愿景、综合各方思想、凝聚人民共识，形成社会各界建设与管理美好城市的巨大动力。中国是世界上地区发展差异最大的国家之一，一个地区创新的结果和模式可能并不具有普适性，但这也意味着不同地区都能有独特的创新收益。地方形成“创新竞赛”机制，中央提供鼓励容错机制，这就是全国创新的“源头活水”。对“多规合一”的详细调查和专业化研究发现，相关试点城市创新的最大特色，在于根据自身发展条件、发展限制和发展优势，创新性地提出建设“三个全覆盖”的公共服务体系，这充分体现了城市发展“以人民为中心”的本地化实践，为地方推动“多规合一”提供了“看得见、摸得着”的成功案例，也为各地探索有中国特色的城市建设提供了可以借鉴的重要经验。

（资料来源：清华大学　胡鞍钢、张新）

四、努力探索省级五年规划的优化方向

切实树立新发展理念。坚持以人民为本谋发展，做到发展为了人民、发展依靠人民、发展成果由人民共享。规划以新发展理念为引领，重点不是强调加快发展，而是强调做到全面发展、协调发展和可持续

发展。全面把握规划的功能，把“管理发展”和“平衡发展”作为重要的出发点。全面把握比较优势，比较优势不仅包括劳动力、区位、生态环境、矿产水土资源等硬资源，也包括政府治理、公众素质、战略思维以及对弱者倾斜、注重细节等软资源，在国家进入中等收入阶段，这些软资源将更加重要。与此同时，还将在进一步推进规划法制化建设，依法行政、完善重大决策的规则和程序；开展经济社会发展规划的技术规范研究；加强政府部门之间的规划协调制度；加强规划期和任期的规划目标的有效衔接以及保障发展规划实施如何落实到位等方面进行优化创新。

本章小结：我国社会主义新时代赋予了省级五年规划的新价值，制度、理念、治理能力以及反映路线方针的价值都有了提升。省级五年规划所面临的是中国迈向现代化的坚实基础、全面小康、供给侧结构性改革、创新性产业结构、新型城镇化以及坚强的道路自信等。对2035年进行了发展定量分析，我国届时在创新、协调、绿色、开放、共享五大发展上均能成功基本实现社会主义现代化。本课题研究的目的主要体现在全面揭示省级五年规划体系，全面展现其实践机制和价值，全面总结其创新形式，为面向现代化的我国省级五年规划编制实施提供理论基础和实践经验。

第二章　省级五年规划编制实施逻辑

省级发展规划是省级人民政府对所辖行政区内国民经济和社会发展或某些特定行业、领域为对象编制的规划，既要贯彻落实国家战略意图，又要从本地实际出发；既要为编制市县级规划提供重要依据，又要注意与毗邻地区规划相互协调。省级五年规划的编制程序，从本质上讲，体现了党的领导、人民当家作主和依法治国的统一。党的十九大报告指出，在完善社会主义市场经济体制中，要创新和完善过程调控，发挥国家发展规划的战略导向作用，健全财政、货币、产业、区域等经济政策协调机制。这进一步明确了国家“1＋4”宏观调控体系，明确了国家和省级发展规划在宏观调控、中观调控中位居“1”的关键统帅地位。围绕发挥战略导向作用，需要相应的规划体系支撑和确保落地实施。

第一节　省级发展规划体系框架

一、五年规划纲要

省级五年国民经济和社会发展规划纲要，是以各省国民经济和社会发展为对象编制的发展规划，是国民经济和社会发展战略性、纲领性、综合性的规划，是编制本级和地市级专项规划、区域规划、年度计划及相关计划和制定有关政策的依据。五年规划覆盖国民经济和社会发展的主要领域。在经济领域要体现着力保持经济总量平衡、促进总体结构优化、提高经济整体素质和效益的要求，发挥对全社会经济活动的总体指导和对各种宏观调控手段综合协调的作用。

省级五年规划作为全国发展规划体系中的重要环节，既要充分落实国家最新的发展理念、发展原则、发展导向，与国家规划纲要进行衔接，又要彰显本地的发展阶段、主要目标、重点任务。如重庆市“十三五”规划纲要，全面贯彻落实习近平总书记系列重要讲话精神和视察重庆重要讲话精神，特别是紧紧围绕习近平总书记对重庆“一个目标”“两点定位”“四个扎实”的要求，突出“十三五”时期重庆要把握好发展动力转换、统筹城乡区域发展、强化生态文明建设、建设内陆开放高地、保障和改善民生等关键任务。

省级五年规划既要具有战略性，又要具有操作性。“上面千条线，底下一根针”，省级规划处于全国规划体系的中间环节，既要对全省未来五年发展作出战略性谋划，又要描绘出具有操作性的实施路径。如重庆市“十三五”规划纲要，既提出建设国家重要中心城市、长江上游地区经济中心、国家重要现代制造业基地、国内重要功能性金融中心、西部创新中心、内陆开放高地等战略性发展定位，又在对战略任务认真梳理基础上成体系地提出实施一批重大行动计划、重大政策举措、重大投资项目，体现战略任务的细化和可操作性。

二、专项规划

省级专项规划是按照五年规划要求，在特定领域的细化和落实；是省级人民政府及有关部门引导特定领域发展以及布局、审批、核准重大项目，安排政府投资和财政支出预算，制定相关政策的重要依据；是对某一领域的发展问题进行部署和安排，具有专项性质。要考虑聚焦特定领域特定任务、对接国家重点专项规划、体现规划期的时代背景。如某省在确定“十三五”省级重点专项规划时主要考虑了四个原则：一是突出全面建成小康社会“短板”“弱项”；二是突出党委建议总体要求；三是对接国家重点专项规划；四是突出行业发展重点。

专栏 2-1　某省“十三五”省级重点专项规划

省级重点专项规划共三类 16 个。其中，支撑功能定位类规划 6 个，包括建设国家重要现代制造业基地规划、建设国内重要功能性金融中心规划、建设内陆开放高地规划、深化体制机制改革加快实施创新驱动发展战略行动计划（2015—2020 年）、建设互联网经济高地规划、建设国际知名旅游目的地规划；补齐小康短板类规划 5 个，包括社会事业发展规划、生态文明建设规划、农业农村发展规划、社会治理规划、人力资源和社会保障事业规划；强化基础保障类规划 5 个，包括城市基础设施建设规划、水利发展规划、综合交通枢纽发展规划、现代商贸服务业发展规划、关于贯彻落实国家物流业发展中长期规划（2014—2020 年）的实施意见。

（资料来源：根据西部某省《“十三五”重点专项规划集》整理）

三、区域规划和年度计划

区域规划是依据总体规划要求，按照全省区域发展总体战略，以特定区域经济社会发展为对象编制的规划，是五年规划在特定区域的细化和落实。年度计划是对年度国民经济和社会发展所做的安排，是中长期发展规划在年度中的体现，具有宏观调控导向、资源配置和综合平衡的作用。与五年规划相比，操作性更强，可以视为短期规划。

此外，还有我国独创的主体功能区规划，这是基于不同区域的资源环境承载能力、现有开发密度和发展潜力等，从未来开发的角度，对不同区域的空间开发方向、开发时序和开发强度的总体定位。但可进一步进行探讨的是从规划期和编制周期看，主体功能区规划的期限更长，且编制周期尚未统一，与总体规划、专项规划、年度计划周期性较长有较大的差别；从规划内容看，以国土空间为对象的战略性、基础性、约束性的空间规划，是其他各类规划空间开发和布局的基本依据；从体系上看，国家主体功能区规划不在《国务院关于加强国民经济和社会发展规划编制工作的若干意见》（国发〔2005〕33 号）规定的三类规划之内；从规划强制性上看，省级主体功能区规划的编制、发布没有要求。我们的研究把它纳入体系之内（见表 2-1、图 2-1）。

表 2-1　省级发展规划体系

规划类别		规划范围	定位	编制单位	审批机关
省级规划	省级国民经济和社会发展总体规划	全省（区、市）	省域经济社会发展的纲领	省级政府	省级人大
	省级年度国民经济和社会发展计划	全省（区、市）	省域经济社会发展的年度纲领	省级政府	省级人大
	省级专项规划	全省特定领域	省域特定领域发展的依据	省级相关部门	省级政府或其授权部门
	省级区域规划	规划区域	区域国土空间开发的区域	省级发展改革部门	省级政府
	省级主体功能区规划	全省（区、市）	省域国土空间开发的依据	省级发展改革委	省级政府

资料来源：杨伟民，《规划体制及其改革的基本方向》，作者做了部分调整。

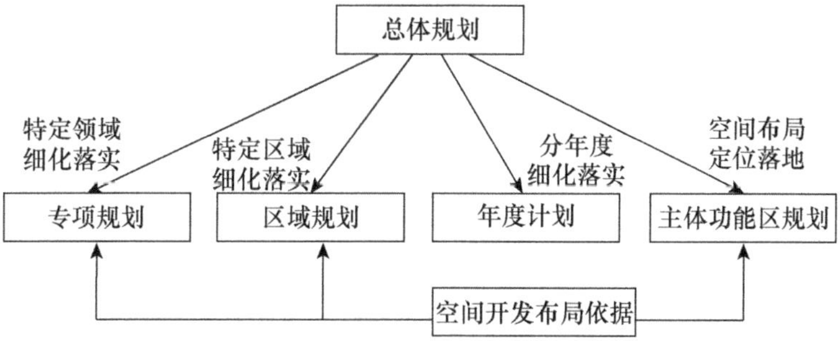

图 2-1　各类规划关系图

资料来源：作者分析整理。

第二节　省级发展规划编制

发展规划要发挥好应有的功能作用，规划本身必须科学合理，要适应时代要求、符合发展规律、反映人民意愿，同时也要有前瞻性、战略性、可操作性（见图 2-2）。

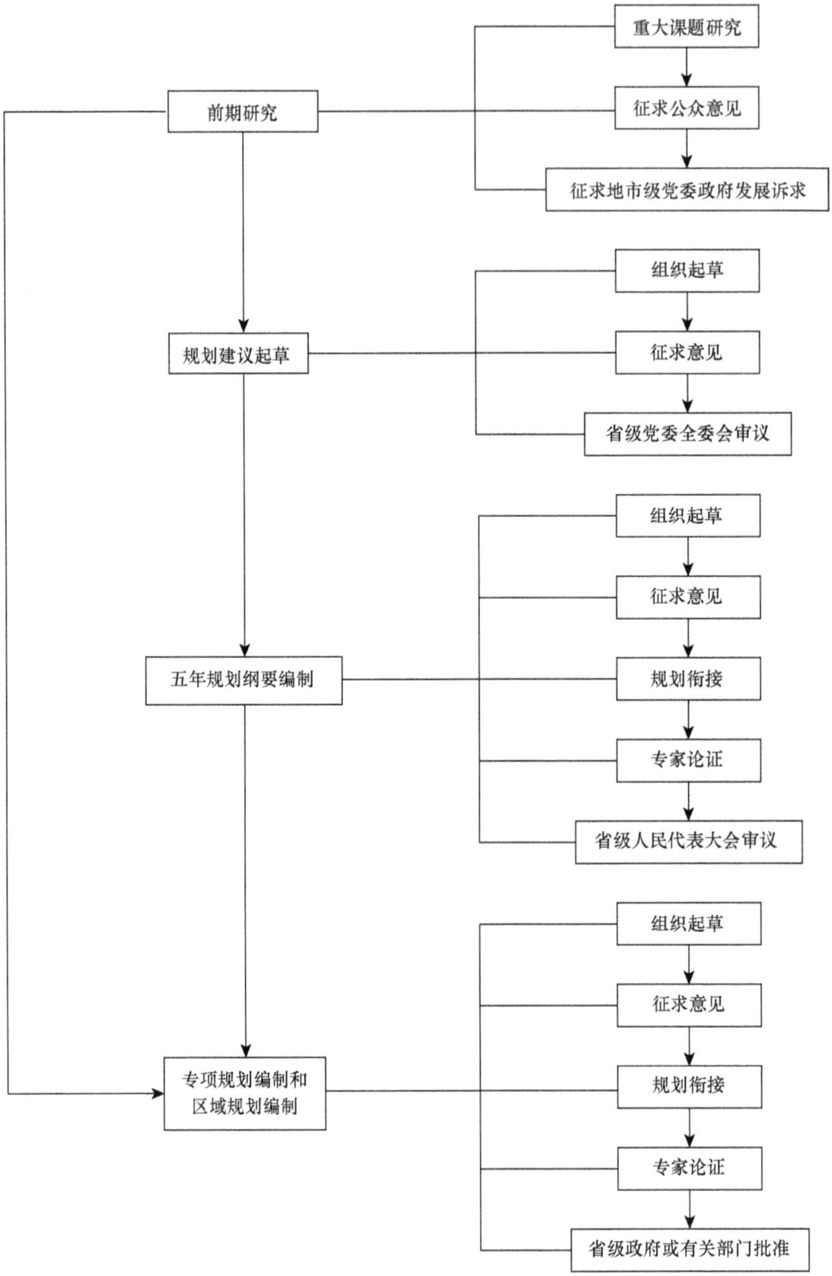

图 2-2　省级规划编制程序示意图

资料来源：作者分析整理。

一、规划前期研究

（一）课题选题

“选对题”是保证规划前期研究成果是否“管用”的关键。以往课题研究由省级发展改革委根据本地区经济社会情况进行选题，更多体现了省级党委政府关注重点和本地区发展的重大问题。从“十一五”规划开始，在前期研究启动之初，各省级发展改革委一般都会面向省、地市有关部门和社会公开征集选题，使研究方向更具针对性，切中发展要害。以西部某省为例，从“十一五”到“十三五”规划编制开始，就面向社会公开征集重大课题，最终分别确定了 47 个、40 个和 38 个重大研究方向。从历次各省级规划前期研究的选题方向看，总体上围绕关系地区经济社会发展全局的重大问题开展研究，包括国际环境影响、国内发展条件变化、各领域发展的基本思路、关系人民群众切身利益的热点难点问题等。但不同规划期的前期研究又有着鲜明的时代特征，体现不同时代的发展要求，基于发展基础条件、所处发展阶段、外部环境等变化，所面临的重大问题和主要矛盾也相应变化，以新理念、新思路解决发展中遇到的重大问题成为前期研究的重点和难点（见表 2-2）。

表 2-2　西部某省五年规划前期研究选题对比

课题	“十一五”规划	“十二五”规划	“十三五”规划
数量	47 个	40 个	38 个
重点方向	深入实施西部大开发战略、生态建设和环境保护、三峡库区可持续发展、农村扶贫、“三农问题”、城镇化等	全面建成小康社会，科技、产业、金融等重大功能定位，开放和区域合作等	融入“一带一路”倡议、创新驱动发展、新型城镇化、战略性新兴产业发展、人口和人力资源、生态文明、社会治理等
时代要求	完成中央交办“四件大事”	完成中央总体部署	落实“五位一体”总体布局、“四个全面”战略布局，适应我国经济发展新常态和世界科技革命、产业革命新趋势等

资料来源：根据西部某省三个五年规划前期选题比较分析整理。

（二）课题研究

1. 逐渐规范引入研究机构的方式。逐步引入招投标制度，通过专家评比等方式择优选择研究机构，使课题委托方式更加公开公正透明，均主要采取面向社会公开招标的方式选择研究机构。入选的研究机构日益多元化，既有省内的研究单位和行政机关，也有来自省外的知名高校和民间智库。领衔研究的课题负责人既有学术造诣精深的知名专家，也有具有丰富实践经验的年轻学者。有些省“十三五”规划前期研究还首次采取“购买服务”方式，鼓励多家单位开展相同方向竞争性研究，以质论价提高了课题质量。除规划编制工作启动初期推出的重大课题研究以外，各省级发展改革委还会根据规划编制需要，适时对有关问题进行深入研究，这类研究更注重解决实际问题，更具针对性。如重庆市“十三五”规划编制工作中后期，市发展改革委就结合“十三五”规划建议和纲要起草工作，开展了对国家中心城市、长江上游地区经济中心等重大发展定位和全面建成小康社会、地区生产总值、人口等重大目标的深化研究，为规划编制工作提供了重要参考。此外，省级相关部门也会根据专项规划编制工作需要，自行组织开展相关重大课题的研究，其研究的领域更聚焦、问题更具体。

2. 不断创新和完善研究方法。省级发展规划重大课题研究既有关系长远和全局的战略性问题，又有涉及民生和部分区域的实际问题，是一个体系庞大、方法严谨并不断创新完善的过程。常用的方法有以下几类：①调查研究。为提高研究质量，规划编制部门和研究机构往往会采取灵活而多样化的研究方法，有时对同一问题可能采取多种方法进行相互验证。课题研究机构一般会在省级发展改革部门的支持下，深入地市县政府有关机构、企事业单位开展实地调研，或召开座谈会、发放问卷调查等，全面深入了解情况。省级发展改革部门也会选择部分地市开展调查研究。在前期研究过程中，参考相关文献资料和学术报告，学习借鉴国内外先进地区、先进经验等方法也比较常用。②专家咨询。对于重大战略性问题和专业性强的问题，咨询相关领域的权威专家十分必要。在规划编制过程中，省级发展改革部门会根据有关部门和机构推荐，聘请宏观经济、区域发展以及各行业各领域有造诣的专家学者组成规划专家咨询委员会，为规划编制、课题研究提供咨询服务。当然，规划编制部门和课题研究机构也会根据实际情况咨询特定领域的专家学者。从历次五年规划的效果看，专家咨询在整个规划编制过程都发挥了极为重要的作用，是不可替代的一种有效方式。③会议讨论。面对面的交流讨论，往往能够引发思维碰撞，产生启迪思维的良好效果。因此，一项课题研究往往会在不同层面、不同区域或领域召开多个座谈会。省级发展改革部门也会在规划基本思路的研究过程中，邀请不同领域的专家学者、省级相关部门负责人、地市级政府负责人召开一系列针对不同行业、不同领域、不同区域的座谈会，深入研究有关问题。④新技术新手段运用。近年来，随着我国信息化的不断深入，一些研究机构开始尝试大数据等信息技术手段的应用。比如，重庆市“十三五”优化物流枢纽布局研究、基于信息共享的重庆低物流成本环境实现路径研究等课题研究一定程度上采用了大数据分析方式。

3. 不断加强课题研究与规划编制的互动。课题研究为规划编制服务，这是开展此项工作的目的和初衷。从各省市的情况看，历次五年规划的前期研究成果均被广泛应用于总体规划纲要、专项规划、区域规划以及地市级规划编制，并成为有关部门、研究机构编制规划或研究重大问题的重要参考资料。但由于研究机构自身的局限性（多为高校、科研院所等社会研究机构），其研究视野广，理论性、前瞻性强，但有时也难免存在针对性、操作性不强或“跑偏题”的问题。为此，各省级发展改革部门努力改进工作方式，通过机制创新，促进课题研究与规划编制密切互动。不少省市在“十三五”规划编制过程中，对此做了有益的探索，在省级发展改革委的统筹协调下，课题研究机构与专项规划编制部门建立了“一对一”的规划研究对接机制，使专项规划编制部门参与课题研究管理、更好地把握研究重点和深度，也使研究机构深入了解规划编制需求、按需投入研究力量，取得了较好的效果（见表2-3）。

表 2-3　西部某省五年规划前期研究主要创新点

	主要创新点
选题	“十一五”规划首次面向省级有关部门、地市县发展改革委和社会公开征集选题，使研究方向更具针对性，切中发展要害
选择研究机构	1.“十一五”规划首次引入招投标制度，通过专家评比等方式择优选择研究机构； 2.“十三五”首次采取“购买服务”方式，鼓励多家单位开展同方向竞争性研究
研究方法	“十三五”规划首次采用大数据分析方式
成果应用	“十三五”规划探索建立课题研究机构与专项规划编制部门“一对一”对接机制，使专项规划编制部门参与课题研究管理、更好把握研究重点和深度，也使研究机构深入了解规划编制需求、按需投入研究力量

资料来源：根据西部某省两个五年规划前期研究文集整理。

二、规划建议

（一）起草过程

规划建议是在省级党委的直接领导下，由规划建议起草小组吸收规划前期研究成果的基础上起草形成的。起草小组一般由省级党委研究室、发展改革委等部门负责同志组成，党委、政府主要领导和分管领导任组长、副组长。起草小组负责规划建议的研究起草和相关事项的统筹协调，根据规划建议起草需要，适时召开起草小组会议对有关重大事项讨论决策。规划建议的起草汇集了各级党组织和社会各界的意见建议，是集体智慧的结晶。在起草过程中，省级党委将广泛征求省级人大、政府、政协党组以及省级各部门党组、各地市党委、高校和国企党组、各民主党派、老同志的建议，倾听各方面的发展诉求。规划建议初稿起草形成后，将组织专家咨询论证，并再次征求各方面的意见，由省级党委常委会审定后提交省级党委全委会审议。通过全委会审议的规划建议将向社会公开发布，并通过宣传、解读和任务分解等方式，使各级党组织深入学习、全面贯彻落实。

（二）主要内容

1. 透彻的环境分析。这是准确提出规划理念、目标、任务等规划内容的基本前提。包括总结回顾上一个五年发展的成绩和经验教训，判断所处发展阶段，分析未来五年面临的形势。如西部某省“十三五”规划建议分析得出“信息化快速发展并与经济社会发展深度融合，内陆地区的发展条件大为改善，有利于我省发挥后发优势、实现跨越发展”的判断，从而提出建设通信信息枢纽和互联网经济高地的重大定位，以期通过信息化改变该省不沿边、不沿海的区位劣势，依靠信息化改造和升级社会生产力、生产方式和生活方式。

2. 先进的规划理念。规划理念是规划的“魂”。规划理念主要体现在指导思想、基本原则和发展理念中，决定着其他的规划内容。全面贯彻落实创新、协调、绿色、开放、共享五大发展理念，并将之贯穿于“十三五”经济社会发展的全过程，成为“十三五”规划的灵魂。此外，随着社会主义市场经济体制改革深入推进，规划理念也在发生深刻变化，是规划体制改革的重要内容，重点体现在如何处理政府与市场的关系上。从“十一五”开始，计划更名为规划，并逐步向“市场投资指南”和“政府决策依据”方向发展，日益成为推进政府治理体系和治理能力现代化的重要手段。近年来，我国省级发展规划逐步简化了对市场领域的规划。凡是市场机制能够充分发挥作用的领域少编或者不编规划，而主要着眼于政府如何更好地服务。与此同时，将规划的重点放在对市场的规范引导以及做实政府主导领域的规划上。如通过规划和政策手段有效引导和调控市场主体的行为，加强社会事业、公共服务、生态环境、区域发展、基础设施等领域的规划制定。

3. 合理的规划目标。这是规划的核心。规划目标的提出，要紧扣主题、切实可行、区分功能。规划建议提出的目标以定性为主，具有总体性、战略性、方向性的特点，往往以重大战略定位和重大历史发展阶段的方式提出，包括规划期的总体目标以及经济、民主法治、文化、生态、社会、人民生活等领域的分目标。如中西部各省在“十三五”规划建议中都提出“确保如期全面建成小康社会、开启社会主义现代化建设新征程”。

4. 明确的建设任务。这是规划的主体，是实现规划目标的基本途径或具体抓手。规划建议主要部署战略性任务，对具有全局性的重大举措、重大项目也会提出具体任务。如重庆市“十三五”规划建议就提出了“实施中新战略性互联互通示范项目”“确保每年新增就业稳定在60万人以上”等比较具体的任务。

5. 有效的保障措施。这是实现规划目标和完成规划任务的保障。中西部各省在“十三五”规划建议提出的保障措施主要是加强和改进党对经济社会发展工作的领导。

三、纲要起草

（一）起草过程

规划纲要在整个五年规划体系中居于龙头地位，纲要根据党委对五年规划的建议进行编制，其起草过程是一个汇聚民智、协调利益、形成共识的过程。近年来，各级政府越来越重视“开门编规划”，让社会各界参与规划、认识规划，以此协调利益、统一思想、达成共识，使规划的各项目标转化为社会各界的自觉行动。省级规划纲要由省级发展改革部门负责起草，重点是根据省级党委的规划建议深化研究主要指标、具体举措和储备重大项目。起草过程中，相关部门深度参与、密切配合，各地市人民政府将积极争取对本地区重大问题的关注和支持，人民群众和社会有关方面也会通过各种渠道反映发展诉求。规划纲要初稿形成后，还将反复征求省级各部门、地市级政府以及省级人大、政协和各民主党派、社会各界的意见，通过各种形式征求社会公众的建议意见。此外，省级发展规划纲要都引入专家论证环节，从专家的角度对规划纲要及有关专项规划开展论证，论证的结果作为省级党委政府决策的重要依据。

专栏2-2　目前各省五年规划纲要起草过程

1. 汇集公众意愿。开展建言献策活动和目标定位公开征集活动，召开座谈会，畅通网络通信等渠道。

2. 征求地市县发展诉求。对重大工程、重大定位、重大事项等反复征集各地市县对纲要的建议意见，会同相关部门反复研究论证。

3. 组织纲要起草。成立小组，研究发展指标、重点任务，策划重点项目，起草规划纲要文本。

4. 广泛征求意见。规划纲要初稿形成后，广泛征求省级各部门、地市县人民政府以及省人大、政协、民主党派和社会各界的意见。

5. 专家研究论证。邀请有关专家对规划纲要进行咨询论证。

（资料来源：作者分析整理）

（二）主要内容

1. 指标体系设计。主要指标是规划期主要发展目标的具体化，是规划纲要最核心的部分。指标体系根据总体目标进行分类深化细化设置，体现了发展理念和鲜明的时代特征，所选取的指标应能分解、可统计，便于规划实施监测、评估及督促检查、考核。比如，重庆市“十二五”规划纲要主要分为经济增长、结构质量、资源环境、社会民生四类；“十三五”规划纲要按照“五大发展”理念分类设置，减少了工业总产值、投资、消费等经济发展规模的总量指标，增加了经济结构、区域结构、开放创新等方面的指标，更加突出转换发展动能、经济转型升级的要求。由此可见，指标体系的变化亦可反映我国市场经济体制改革的进程和经济社会发展的阶段性特征与要求。自“十一五”规划以来，全国五年规划均采取了约束性和预期性的指标属性分类。约束性指标主要涉及资源环境、社会民生领域，是政府对公众的庄严承诺，可分解落实到下一级政府和本级政府有关部门。因此，约束性指标从中央到地方层层传递、分解落实，在全国得到贯彻。预期性指标主要涉及经济发展和社会领域，主要依靠市场主体的自主行为实现。政府重在创造良好宏观环境、制度环境和市场环境，综合运用规划、财税、土地、产业、环保、投资和价格等政策引导社会资源配置，规范市场秩序和市场主体行为。各地在确定这类指标时既要贯彻落实中央的要求，也会考虑本地区发展实际，这是我国地区发展差异性所决定的。此外，同一指标在不同时期规划的属性并不一致。比如，重庆市“十一五”规划将控制质量、水环境质量确定为预期性指标，而“十二五”“十三五”规划将其全部列为了约束性指标，体现了重庆市委、市政府对生态环境保护的要求日益加强（见表 2-4、表 2-5）。

表 2-4　重庆市三个五年规划纲要指标数及各类指标占比

指　　标		“十一五”规划	“十二五”规划	“十三五”规划
指标总个数		35	33	28
经济发展类	总量规模类	23.5%	23.5%	14.3%
	结构质量类	11.8%	14.7%	17.8%
科技教育类（创新驱动类）		8.8%	5.9%	14.3%
资源环境类		26.5%	29.4%	28.6%
社会民生类		29.4%	26.5%	25%

注：社会民生类指标占比变化，主要是指标分类与整合带来的。

表 2-5　重庆市三个五年规划纲要主要指标及属性变化

序号	“十一五”规划	“十二五”规划	“十三五”规划
一、预期性指标			
1	地区生产总值	地区生产总值	地区生产总值年均增速
2	人均地区生产总值	人均地区生产总值	大都市区与渝东北、渝东南地区人均地区生产总值比值
3	—	工业总产值	文化产业增加值占地区生产总值比重
4	非农产业增加值比重	非农产业增加值比重	服务业增加值占地区生产总值比重
5	高技术制造业增加值占地区生产总值比重	战略性新兴产业增加值比重	战略性新兴产业产值占工业总产值比重
6	—	金融业增加值比重	—
7	非农产业就业比重	—	—

续表

序号	“十一五”规划	“十二五”规划	“十三五”规划
8	全社会固定资产投资总额 引进内资 外商直接投资 静态移民补偿投资	全社会固定资产投资	产业结构调整投资占全社会固定资产投资比重
9	社会消费品零售总额	社会消费品零售总额	—
10	进出口总值 进口 出口	进出口总值	进出口总额 服务贸易进出口总额
11	研究与开发支出占地区生产总值比重	研究与试验发展经费支出占地区生产总值比重	创新效率 研究与试验发展经费支出占地区生产总值比重 万人发明专利拥有量 全员劳动生产率 规模以上工业企业全员劳动生产率
12	—	发明专利授权数	
13	全员劳动生产率	—	
14	城镇化率	城镇化率 常住人口城镇化率 非农户籍人口比重	户籍人口城镇化率
15	城镇登记失业率	城镇登记失业率	—
16	城镇新增就业人员	—	城镇新增就业人数
17	转移农村劳动力	—	—
18	人均受教育年限	主要劳动年龄人口平均受教育年限	—
19	—	人口平均预期寿命	人口平均预期寿命
20	孕产妇死亡率	—	—
21	城乡居民收入 城市居民人均可支配收入 农村居民人均纯收入	城镇居民人均可支配收入 农村居民人均纯收入	常住居民人均可支配收入年均增速 城乡居民人均可支配收入比
22	城镇社会保障参加人数 城镇基本医疗保险参加人数	—	—

续表

序号	“十一五”规划	“十二五”规划	“十三五”规划
23	—	实际利用内资	市外货物占重庆货物周转量比重 市外货物占重庆港口货物周转量比重 市外货物占江北机场货物周转量比重 “渝新欧”国际货运班列市外货物量占比
24	—	实际利用外资	实际利用外资
25	—	—	互联网普及率
26	森林覆盖率	—	—
27	三峡库区长江干流水质	三峡库区长江干流水质	—
28	主城区环境空气质量满足Ⅱ级天数	主城区空气环境质量满足Ⅱ级天数	—
二、约束性指标			
29	人口自然增长率	人口自然增长率	—
30	—	九年义务教育巩固率	主要劳动年龄人口平均受教育年限
31	儿童“四苗”接种率	—	—
32	新型农村合作医疗参合率	—	—
33	城镇社会保障参加人数 城镇职工基本养老保险参加人数	城乡养老保险参保率	—
34	—	城乡医疗保险参保率	—
35	搬迁安置三峡库区移民	—	—
36	—	—	农村贫困人口脱贫
37	—	森林覆盖率	森林增长 森林覆盖率 森林蓄积量
38	耕地保有量	耕地保有量 基本农田保护面积	净增建设用地总量

续表

序号	“十一五”规划	“十二五”规划	“十三五”规划
39	城市污水垃圾处理率 城市污水集中处理率 城市生活垃圾无害化处理率	—	—
40	—	—	空气质量 主城区细颗粒物（PM2.5）浓度下降 主城区空气质量优良天数比率
41	主要污染物排放量 万元工业增加值 SO_2 排放量 万元工业增加值 COD 排放量	主要污染物排放总量减少 化学需氧量 二氧化硫 氨氮 氮氧化物	主要污染物排放总量减少 化学需氧量 二氧化硫 氨氮 氮氧化物
42	—	单位地区生产总值二氧化碳排放降低	单位地区生产总值二氧化碳排放降低
43	单位地区生产总值能耗降低	单位地区生产总值能耗降低	单位地区生产总值能耗降低
44	—	—	长江干流水质
45	—	单位地区生产总值生产安全事故死亡率	—
46	铁路营运里程	—	
47	公路通车总里程（其中，高速公路）	—	—
48	—	单位工业增加值用水量降低	单位地区生产总值用水量降低
49	港口货物吞吐能力（其中，集装箱）	—	—
50	电力装机容量	—	—
51	工业固体废物综合利用率	工业固体废弃物综合利用率	—

续表

序号	“十一五”规划	“十二五”规划	“十三五”规划
52	—	公租房面积	城镇常住人口住房保障覆盖率

资料来源：重庆市“十一五”“十二五”“十三五”三个五年规划纲要。

五年规划在不同时期的指标变化，是不同时期发展战略的体现，是重大任务安排的基本指向。

2. 重大任务安排。主要是对规划建议提出的战略任务进行深化细化，并落实到具体的行业、领域和区域。主要包括经济社会发展各领域各区域的具体目标、政策举措、重大项目等，是各级各部门和社会关注的重点。省级规划纲要的重大任务安排有以下特点。一是战略性。规划纲要部署的任务着眼于全局和长远，体现在规划纲要中的延续性，但任务要求会随着发展而提高。比如，重庆作为老工业基地，历届党委政府均高度重视工业发展，自“十一五”规划开始部署走新型工业化道路、建设现代制造业基地，“十二五”“十三五”规划均作为重点予以安排部署，但不同时期针对的问题各有侧重，发展的定位逐步提升、目标要求逐步提高。当然规划纲要有时也会有阶段性的任务安排，一般是特定时期的特定任务。比如，三峡库区移民搬迁安置是中央交办重庆的“四件大事”之一，是重庆市“十五”计划和“十一五”规划纲要的重点任务。二是操作性。这是省级规划纲要区别于国家规划纲要和省级党委规划建议的显著特征，通过具体目标、政策举措、重大项目等使规划建议提出的任务落实到具体行业、领域和区域，并能分解，便于督查检查和量化考核。特别是自“十一五”规划以来，我国五年规划纲要普遍引入专栏形式部署重大项目，使重大项目成为规划实施的重要支撑。重庆市“十一五”到“十三五”规划共储备重大项目总投资达到13万亿元。三是针对性。规划纲要提出的政策举措，要能对解决规划期重大问题有实质性指导和推动作用，在空间上能落地，资源要素有保障，政策和项目有支撑，保证规划有效实施。四是表现形式多样。规划纲要面向社会大众，是号召人民群众共同奋斗的行动纲领，其表现形式往往图文并茂，内容丰富，易于理解和掌握。重庆市“十三五”规划对市民普遍关心的铁路、轨道交通等任务绘制了简单易懂的规划示意图，使“十三五”时期的铁路和轨道交通建设任务一目了然。

3. 保障措施。重点是明确规划实施的保障机制，确保规划发展目标和各项重点任务顺利完成。省级规划纲要一般包括组织保障、民主参与、规划实施和管理等内容。组织保障重点体现党对经济社会发展的领导，重庆市“十三五”规划纲要明确了强化党领导经济社会工作的制度化建设，体现全面从严治党的政治要求。民主参与重点是动员全社会共同推进规划实施，发展社会主义民主政治。规划实施和管理体现了发展规划体制自身改革的要求，对如何推进规划实施作出安排部署。

四、规划衔接

（一）衔接程序

规划衔接是保障各类规划协调配合、形成合力的关键环节。各省历来重视规划衔接工作，规划衔接日益制度化规范化，历次五年规划编制一般都要以省级政府办公厅文件予以规范，主要是明确各级各类规划编制、衔接、审批、发布管理等程序，使下级规划服从上级规划、专项规划服从总体规划，形成“规划大联动”。省级发展规划衔接工作由省级发展改革委统筹协调，在规划纲要起草过程中，省级发展改革委通过征求意见、召开座谈会等形式开展规划衔接，使规划纲要更多地吸纳地市级规划和同级专项规划的核心内容，同时还会加强与国家规划纲要的衔接，全面落实国家规划纲要的要求。在规划纲要批准发布后，则要求地市级规划和省级专项规划与规划纲要衔接一致。地市级规划和省级专项规划须经省级发展改革部门衔接一致后，方可提交地市级人民代表大会和省委、省政府审议批准。其中，省级专项规划除了与全省规划纲要衔接平衡外，还需重点与国家有关专项规划、省级有关专项规划的衔接。

专栏 2-3　西部某省“十三五”规划衔接程序有关规定

1. 省发展改革委负责将总体规划纲要草案送国家发展改革委与国家总体规划纲要进行衔接。

2. 省级专项规划组织编制单位负责将专项规划草案送国家有关部委与国家专项规划进行衔接，并送省发展改革委与全省总体规划纲要进行衔接。涉及其他专项规划的，应当送省级有关部门与有关专项规划进行衔接。

3. 地市人民政府负责将本区域总体规划纲要草案送省发展改革委与全省总体规划纲要进行衔接，将本区域专项规划送省级有关部门与省级有关专项规划进行衔接。

4. 负责规划衔接工作的部门自收到规划草案之日起 15 个工作日内以书面形式反馈衔接意见。省发展改革委负责就主要内容的合规性、履行编制程序的完整性、规划报批要件的完备性等统筹把关，并对规划内容是否符合全省总体规划纲要等提出书面意见。其他省级有关部门负责就规划目标、总体布局、重点任务和重大工程等内容是否与本部门有关专项规划相互协调提出书面意见。

5. 规划组织编制单位要按照“下级规划服从上级规划、专项规划服从本级总体规划、专项规划之间不得相互矛盾”的原则采纳有关意见，修改完善规划草案。

6. 未经衔接的规划草案，不得提请批准和公布实施。

（资料来源：根据西部某省调研资料整理）

（二）衔接内容

各级各类规划都要与相关规划进行衔接，但并不是规划中所有内容都要衔接。规划衔接重点有以下几个方面。一是总体思路部分。包括指导思想、基本原则、发展理念等，这是规划衔接的重点，既要全面贯彻国家规划的总体要求，又要确保省级规划纲要的有关要求在同级专项规划和下级规划中得到落实。二是规划目标。这里衔接的重点是总目标和主要指标。总目标往往是具有阶段性的历史任务，比如，全面建成小康社会是全国“十三五”规划的总目标，省级、地市级、区县级“十三五”规划都需要作出回答。主要指标是对总目标的细化分解，也是对规划期发展思路、发展理念等总要求的具体量化和落实，省级规划往往会比照国家规划设置相应的指标体系，但更多地会结合本地区实际。特别是国家规划对全国有普遍要求或针对某些区域有具体要求的约束性指标，相关省级规划必须全面承接。同样，省级规划对本地区或部分区域有具体要求的约束性指标，相关下级规划也必须全面承接。三是需要国家和省级统一布局的基础设施、战略资源开发以及需要政府安排投资领域。比如跨区域的重大基础设施、国家和省级层面的区域发展战略布局等，都需要衔接一致，体现为国家和省级政府对区域发展的统筹平衡，也往往成为地区间博弈的重点。比如，重庆市“十三五”规划纲要提出的铁路、航空、长江航运等基础设施建设以及三峡库区、秦巴山区、武陵山区等区域发展都与国家规划进行了充分衔接。四是政策手段之间的衔接，以避免相关规划因政策手段的运用导致政策效果相互抵消或失效。

五、规划批准发布

（一）规划纲要的批准

规划纲要由同级人民代表大会审议批准。省级五年规划纲要的批准发布程序大致是：省级发展改革委起草形成纲要草案（经专家论证、广泛征求意见和衔接平衡后）→省级政府常务会议审议→省级人大常委会财经委员会初步审查→省级政府全体会议审议→省级党委常委会审议→省级人民代表大会审议批准→省级政府发布实施。

（二）专项和区域规划的批准

专项规划一般由省级政府批准发布，但部分重要的规划还要经省级党委常委会审议，一般专项规划由部门发布。区域规划的编制主体一般是省级发展改革部门，在规划草案形成并经专家论证、征求部门及有关地市意见后，由省级政府审批发布。

专栏2-4　西部某省“十三五”规划批准发布有关规定

1. 全省总体规划纲要草案由省政府提请省人民代表大会审议批准。

2. 省级重点专项规划草案由规划组织编制单位会同省发展改革委联合报省政府批准。

3. 其他地市级专项规划草案原则上由规划组织编制单位与省发展改革委衔接平衡后自行发布实施。需报国家有关部委的，由规划组织编制单位会同省发展改革委联合报送省政府分管领导审定后报国家有关部委备案，并以省政府办公厅名义批复实施。

4. 规划组织编制单位提请批准规划草案时，要同时提交编制说明、论证报告，以及法律法规规定的有关资料。

（资料来源：西部某省人民政府《关于“十三五”规划批准发布的有关规定》）

第三节　省级发展规划的实现

一、实现机制

（一）实现机制

省级规划的实现机制，就是省级政府通过项目带动、政策导向等方式引导企业和公民共同参与，推动各项规划目标任务落实。按照实现过程，可分为分解机制、激励约束机制、反馈机制等。党的十九大报告明确了规划的实施，需要健全财政、货币、产业、区域等经济政策协调机制，在积极发挥财政政策、货币政策调控的基础上，更灵活地应用计划、消费、投资、产业、价格、区域政策。通过加强这些调控措施之间的协调配合，使得规划确定的多种发展目标、多项任务和政策、多方面的改革能够协调、联动、平衡，更好地促进经济社会的平稳发展。这也是新时代建设社会主义现代经济体系，创新和完善宏观调控的必然要求。

1. 分解机制。规划纲要发布后，省级政府要制定落实规划的责任分解方案，明确目标任务工作分工和相关要求。责任分解的重点是规划纲要确定的主要指标、重大任务、重大政策和重大项目等，要全部分解落实到省级政府各部门和有关地市政府，明确牵头单位和配合单位。对其中资源环境等约束性指标还要层层分解到区县级政府。此外，省级政府还要承接国家规划任务分解，将国家规划涉及本省（区、市）的任务分解落实到相关部门和地市政府。在分解任务的同时，省级政府一般还会要求各责任单位制定任务落实方案，细化工作措施，明确目标任务落实的时间表和路线图。

专栏 2-5 西部某省五年规划纲要任务分解

将规划纲要的主要指标分解至省级有关部门。规划纲要印发实施后，省人民政府办公厅印发《关于分解下达全省五年规划纲要主要指标落实责任的通知》将落实指标的责任分解下达给相关省级部门。要求省政府各部门按照职责分工主动跟踪分析指标任务的落实情况，尤其是要加强对约束性指标执行情况的动态监测。省政府督查室依据国民经济和社会发展年度计划对指标的年度安排，将指标纳入省政府对省级各部门的年度考核体系，依据约束性指标分解下达各地市方案，将约束性指标完成情况纳入对各地市年度考核体系，切实加强对指标任务落实情况的督查督办。

规划纲要印发后，省人民政府办公厅印发规划纲要主要指标、重大定位、重点工程任务分解的通知，将主要指标、重大定位和重要领域的重点工程等责任分解下达给相关省级部门，明确牵头部门和配合部门。并要求省级牵头单位要高度重视，强化组织保障，加强统筹协调，细化工作措施；各协办单位要各司其职，各负其责，密切配合，共同推进落实。有关地市要加强对接，保障各项任务落地。省政府督查室要适时对贯彻落实情况进行督促检查，并向省政府报告。

（资料来源：根据西部某省《“十三五”规划纲要分解任务通知》整理）

2. 激励约束机制。围绕规划纲要确定的主要目标和重大任务等，制定绩效评价考核体系和具体考核办法。对于主要依靠政府力量解决的事项（如约束性指标），应纳入政府绩效考核；对于主要由市场竞争决定规划任务进展的领域，不单纯考核规划指标是否完成，而与工作力度、推进措施等相结合，进行综合考评。同时，建立科学合理的权重体系，指标的权重要根据每个指标在绩效考核中的重要程度，应用统计学方法进行科学合理的确定。

专栏 2－6　西部某省将五年规划主要指标纳入地市实绩考核情况

2007 年以来，省委办公厅、省政府办公厅将“十一五”“十二五”和“十三五”规划约束性指标纳入年度省级目标管理，加强对指标执行情况的监督和考核，促进了规划目标的推进和全省经济社会平稳较快发展。同时，建立健全更加突出转变发展方式导向、差异化发展的考核评价办法，在评价过程中，尊重各地发展阶段不同、资源禀赋不同的实际情况，不搞一刀切，既使用统计数据说明问题，同时定性地考察有关思想、政策和理念的执行情况，引导各部门各地区转型发展。在编制经济社会发展实绩考核工作实施方案时，充分考虑不同区域情况，将重点开发区域 GDP 指标权重增大，不考核重点生态功能区 GDP 指标，只考核人均 GDP 指标，并且权重较小，但增加了生态环保方面的约束性指标。

（资料来源：根据西部某省《“十三五”规划纲要分解任务通知》整理）

3. 反馈机制。规划实施过程中，省级政府或省级发展改革部门会要求各责任单位定期反馈规划目标任务实施情况，省级发展改革委和相关部门据此开展规划实施评估，分析规划实施进展情况，及时发现问题和风险，提出下一步工作建议，供省级党委、政府决策参考。

专栏 2-7　西部某省建立规划纲要评估反馈机制

在规划纲要中期评估和总结评估时，均要求各专项规划省级牵头部门开展专项规划实施情况评估并反馈省发展改革委，各地市开展本区域发展规划评估并将结果反馈省发展改革委。省发展改革委以此为基础开展对规划纲要的评估工作。如在“十一五”规划纲要评估初期，省发展改革委印发《关于开展“十一五”规划中期评估工作的通知》，要求省级各有关部门根据规划纲要目标任务的职责分工，对照《“十一五”规划纲要评估任务分解表》，对各自负责领域进行评估，形成材料报送。同时“十一五”重点专项规划中期评估由牵头编制单位组织开展，并将评估报告抄送省发展改革委。地市“十一五”规划纲要中期评估由各地市发展改革委牵头组织，评估报告抄送省发展改革委。在以上工作基础上，形成《“十一五”规划纲要中期评估报告》，报省政府审定后提交省人大常委会审议。

（资料来源：根据西部某省《关于开展“十一五”规划中期评估工作的通知》整理）

二、具体手段

规划实施有效手段不足，一直是影响规划执行力和实施效果的重要因素。多年来，各级发展改革部门不断探索完善规划实施手段，积累了一些好的经验和做法，丰富了规划实施工具箱。比较常用的主要有规划、政策、投资、改革等手段。

（一）规划手段

规划目标任务落实主要可以从时间、领域和空间三个维度来实现。从时间维度来看，发展规划目标任务可以通过年度计划分解至年度确保实现；从领域维度来看，发展规划重点领域的目标任务可以由各专项规划确保实现；从空间角度来看，发展规划目标任务可以由下一级行政区发展规划确保实现。

1. 通过国民经济和社会发展年度计划将发展规划目标任务落实在年度。国民经济和社会发展年度计划是对年度国民经济和社会发展所做的安排，是发展规划在年度中的体现，具有宏观调控导向、资源配置和综合平衡的作用。年度计划与发展规划之间既要避免重复，又要充分衔接，在年度计划中充分落实发展规划提出的重点目标任务，将发展规划的发展方针、总体目标、主要任务和重大政策等逐一体现，成为实施发展规划的基本手段。年度计划要体现执行发展规划的动态情况，及时发现发展规划与现实经济运行之间的差异和矛盾，并根据发展规划实施中出现的新情况、新问题及年度经济运行状况，科学确定年度目标任务和宏观调控取向。

专栏 2-8　有关省市以年度计划落实规划纲要目标任务的情况

北京："十一五"规划 GDP 年均增长 9%，年度预期与规划目标紧密衔接，2006—2010 年计划均为 9%，实际年均增长 10.7%。围绕规划目标和主要任务，制订实施年度计划，统筹进度安排，合理把握规划实施的阶段重点和建设节奏，逐年推进实施一批增强管理效能的基础工程、一批提升创新能力的攻关项目、一批增强服务功能的重大项目、一批方便市民生活的便民工程。

重庆："十二五"规划明确要建设国家中心城市，2012 年重庆市计划报告就确定重点项目建设任务是要抓好年度 8 大基础设施项目和主城 10 大片区建设，2013 年进一步确定抓好 9 大基础设施和 10 大商务聚集区重点项目群建设，通过项目建设改善城市面貌，实现中长期规划目标。

四川："十一五"规划 GDP 年均增长 9%左右，2006—2010 年计划均在 9%～10%，实际年均增长 13.3%。投资对经济增长贡献率在 80%以上。改变传统的、片面的以经济总量的增长作为计划考核的主要指标，突出人均经济指标，以及更多的人文、社会、环境指标。

福建：在实施"十一五"规划中，强化规划约束力，把规划提出的目标任务落实到各年度政策措施和建设项目上，深化实施项目带动战略，建立富有生机和活力的项目带动长效机制。结合年度计划制定，建立和完善新项目不断生成、项目滚动实施的长效机制。

陕西："十一五"规划 GDP 年均增长 11%左右，体现在计划报告，特别突出投资支撑，详细提出项目建设计划，年度重点建设项目计划投资五年合计超过 1.2 万亿元。

（资料来源：相关省市"十一五"国民经济和社会发展规划纲要）

2. 通过专项规划落实发展规划重点领域的目标任务。专项规划是以国民经济和社会发展的特定领域为对象编制的规划，是国民经济和社会发展总体规划在特定领域的细化。通过专项规划与发展规划的衔接协调，使发展规划部署的重点领域的发展任务得以落实。

3. 通过下级发展规划将规划目标任务落实在全省域。这是我国行政体制的优势所在，通过上下级发展规划之间的衔接协调，使省级规划纲要提出的指导思想、发展理念、目标任务等层层落实到地市乃至区县级规划，实现上下级规划的相互呼应和协调。这需要省级发展改革部门加强统筹协调，做好对地市级规划编制的服务和管理，督促地市级发展改革部门研究解决发展规划中约束性指标未被列入、上下统计口径不一致等问题，为完善规划实施机制奠定技术上的基础。尤其是对省级发展规划中提出的生态环境等约束性指标，地市级规划要做好分解、实施，并配以一定的物质手段作为保障。

（二）政策手段

发展规划实施过程中，需要出台与发展规划导向相配套的政策，通过政策来落实发展规划。针对发展规划中提出的中长期目标和具体任务，配以具体的政策工具，而且要做好政策短期效应与长期效应的分析，实现经济社会发展的统筹协调。一般来讲，配合发展规划实施的政策主要包括：财政政策、金融政策、价格政策、产业政策、土地政策、环保政策等，在制定过程中，需要探索建立各部门之间的协调制度，打破条块分割，实现资源共享，促进形成政策合力。通过上述各方面的配套政策，引导下级政府行为和企业行为与省级发展规划目标一致。

专栏 2－9　西部某省制定产业禁投清单确保规划约束性指标落实

为确保五年规划纲要中生态环保类约束性指标的落实，西部某省从“十一五”时期开始就由省政府制定《产业投资禁投清单》，对全省范围内禁止投资建设项目进行了明确。该文件将禁投清单分为禁止和限制两类目录，禁止类主要包括国家产业结构调整指导目录和相关规定明确要求禁止新建或需要淘汰的，以及结合该省实际需要在全省禁止新布局的生产能力、工艺技术、装备及产品；限制类主要包括国家产业结构调整指导目录明确要求需要升级改造，以及省相关政策中明确不得布局的生产能力、工艺技术、装备及产品。

（资料来源：根据西部某省《“十一五”产业投资禁投清单》整理）

（三）投资手段

以重大项目落实发展规划是推动发展规划实施最有效的手段之一。一方面，省级政府按照发展规划导向制订差异化的投资政策，明确政府投资重点，加强重点地区和重点领域的项目建设，设立重大项目库。并结合专项资金扶持政策等资源配置手段，引导社会资本参与投资建设，形成全社会合力，推动规划实施。另一方面，省级政府可通过项目审批强化发展规划的约束力。近年来，随着政府转变职能和简政放权的不断深入，大量项目审批权从中央到地方层层下放，但是规划的审批权并未放，反而进一步加强。国家发展改革委推出的“先批规划再批项目”的审批方式改革举措得到地方效仿，国家发展改革委不再审批地方城市轨道交通建设项目，转而加强对地方轨道交通建设规划的审批，有序引导城市轨道交通的发展。目前各省级发展改革委也逐步明确了“以规划定项目”的审批原则，未纳入规划的项目原则上不予审批或不享受政府投资补助等支持政策。

（四）改革手段

规划实施中面临的许多问题，深层次原因在于改革的不彻底，不到位。历次五年规划，改革都是极为重要的内容。“十三五”规划作为中央全面深化改革以来编制和实施的第一个五年规划，对各领域体制机制改革的要求全面提高，各地不仅在规划编制时全面部署改革任务，在实施规划中更是将改革作为重要的举措。如重庆市在《关于建立健全重庆市“十三五”规划纲要实施机制的通知》中明确指出，“要做好《纲要》提出的重大改革和政策举措与市委全面深化改革领导小组年度工作要点、年度政府工作报告的对接工作，加强督促检查，确保按时保质完成任务。创新推动《纲要》提出的试点示范任务，及时跟踪进展、总结经验。要建立健全重大政策决策咨询协调机制，提高政策制定的系统性与协同性”。

三、规划评估

（一）评估体系

发展规划实施评估根据评估周期，可分为年度监测评估、中期评估、总结评估。发展规划在规划期的第三年开展中期评估，在规划期的末年开展总结评估，其他年份开展年度监测评估。专项规划、区域规划要开展中期评估和总结评估，其中重点专项规划要开展年度监测评估。

1. 年度监测评估。省级发展改革部门牵头建立发展规划跨年度滚动实施机制，组织开展重点任务实施情况年度评估并向省级政府报告。年度监测评估的主要工作为评估发展规划有关指标、任务推进情况及效果，寻找发展规划实施中遇到的主要问题，提出下一年推进发展规划实施的主要工作考虑等。同时，各有关部门针对本领域重点问题，适时开展专项评估。年度监测评估制度的建立，一方面更加及时地解决了规划执行中的问题，提高规划执行的质量；另一方面为中期评估和总结评估奠定基础。

专栏 2-10　有关省市规划纲要年度评估情况

福建省：从 2011 年起，福建省发展改革委即开始逐年对“十二五”各项指标和主要任务完成情况进行跟踪、分析、评价。每年 3 月形成对上年和“十二五”以来规划执行整体情况分析报告，对整体情况进行评价，发现和解决苗头性的问题。

重庆市：为推动《重庆市国民经济和社会发展第十三个五年规划纲要》顺利实施，开展 2016 年实施情况监测评估工作，形成年度评估报告，对主要指标、重大定位和重点工程进展情况进行了系统梳理，针对实施过程中存在的问题，提出下一步推进规划顺利实施的建议。

（资料来源：根据福建省“十二五”、重庆市“十三五”规划纲要评估的调研资料整理）

2. 中期评估。在规划实施中期，由省级发展改革部门牵头组织发展规划中期评估。评估内容：一是对发展规划提出的主要指标进展情况按照“时间过半、任务过半”的标准进行分析评价，对实现进度、未来能否完成五年目标的趋势进行判断；二是分析规划纲要重点任务的实施进展和效果，包括采取的政策措施情况等；三是针对执行中的问题，研究提出对策措施和解决方案，适时出台调控政策。发展规划的中期评估，可以为发展规划的修正提供重要的研究基础，并为下一轮发展规划编制提供参考。当宏观环境发生不可预见的重大变化，或由于其他原因导致实际经济社会发展严重偏离发展规划目标时，省级发展改革部门可根据评估结果，对发展规划主要指标、重点任务等确需调整的内容提出调整修正的建议。

专栏 2-11　重庆市“十一五”规划纲要中期评估情况

重庆市发展改革委组织开展了“十一五”规划纲要中期评估，评估报告经市政府审定后，向人大常委会做了汇报。评估结果显示，“十一五”规划纲要提出的 11 项重点任务顺利推进实施，中央交办的“四件大事”取得新的重大成果、基本建成长江上游经济中心的总体框架、全面建设小康社会取得重要阶段性进展等“三大发展目标”取得阶段性成效，主要经济发展指标超前完成。评估报告还分析了规划实施中存在的主要问题，并提出了下一步工作改进措施。

（资料来源：根据重庆市《关于开展“十一五”规划中期评估的通知》整理）

3. 总结评估。总结评估是发展规划完成时开展的一项系统评价工作，它将全面检查发展规划执行情况。省级发展规划的总结评估，是对省（区、市）五年经济社会发展的一次系统、全面回顾，其内容包括主要指标完成情况，重大工程、重点任务实施情况等，规划实施工作本身也会作为评估的重要内容，为下一轮规划编制和实施提供参考。省级发展规划的总结评估同样由省级发展改革委牵头开展，评估报告经省级政府审定后向省级人大常委会或财经委员会报告。专项规划、区域规划等各类规划都要开展总结评估。

专栏 2－12　重庆市“十一五”规划纲要总结评估情况

重庆市在启动“十二五”规划编制工作的同时，同步开展“十一五”规划纲要总结评估，形成《重庆市国民经济和社会发展第十一个五年规划执行情况及第十二个五年规划编制情况报告》报市人大常委会。评估结果显示，重庆市“十一五”规划纲要确定的主要指标、重点任务顺利实现。同时，评估报告还总结了五年经济社会发展的成绩，客观分析了存在的主要问题，报告了“十二五”规划有关情况，为编制和审议“十二五”规划纲要提供了参考。

（资料来源：根据重庆市规划纲要评估的调研资料整理）

（二）评估程序

发展规划评估一般包括部署启动、调查研究、分析评价、起草报告、统筹衔接、送审公布等环节。

1. 部署启动。评估工作启动之前，负责发展规划实施评估的单位应制定评估方案，明确评估重点、责任分工、进度安排和评估方式方法，以便评估工作按计划有序推进。

2. 调查研究。发展规划评估单位一般会对照评估重点，采取实地调查、问卷调查等方式全面摸清发展规划实施的实际情况，通过座谈会、论证会等形式广泛听取意见建议。

3. 分析评价。发展规划评估单位根据已取得的资料，对照规划主要目标、重点任务的进度要求，运用各类方式方法，对落实规划实施分工情况和实施成效进行综合分析和评价。

4. 起草报告。发展规划评估单位会同有关单位研究起草评估报告。评估报告一般包括发展规划目标任务实施进展、存在问题及对策措施、改进规划编制实施工作的意见建议等内容。需要注意的是，修订调整发展规划等重大建议应当做专题说明，尤其是对主要指标和重大任务的调整应慎重。发展规划主要指标完成情况、重大工程项目等实施情况以及第三方评估报告可以作为附件。

5. 统筹衔接。上下级规划、同级相关领域规划实施评估工作要强化上下联动、横向互动，规划实施评估信息资源共享，使评估结果能够相互验证，提高评估结果的准确性。

6. 送审公布。发展规划实施评估报告由各级人民政府发展改革部门报送本级人民政府，其中，中期评估报告、总结评估报告经本级人民政府审定后报送同级人大常委会。

（三）评估方式

发展规划实施评估可采取多种评估方式，包括实地调研、会议讨论、实证描述、综合分析等常用方式。近年来，各省级发展改革部门不断创新评估工作，借助互联网、大数据、地理信息系统等手段，综合运用统计数据和非统计数据资源，提高评估工作的科学性。在评估过程中，还注重多元主体参与，除政府自我评估外，还通过问卷调查收集公众意见，委托专业机构开展独立第三方评估。同时，省级发展改革部门还建立规划实施评估专家库，发挥专家在规划评估中的作用。

专栏 2-13 重庆市“十一五”规划纲要评估引导多元主体参与

重庆市在中期评估和总结评估时，注重引导公众和专家学者的参与，提高评估工作的科学性和社会认可度。在“十一五”规划纲要中期评估中，采取“自我评估、第三方评估和公众评估相结合”，分别形成“官方版”、“学者版”和“百姓版”等多视觉评估报告。“官方版”，即由市发展改革委牵头，在市级有关部门对27个重点专项规划评估、40个区县对本地区“十一五”规划纲要评估的基础上，综合形成政府视觉评估报告，并征求了市人大财政经济委员会和有关部门的意见。“学者版”，即委托国际知名的中介机构——野村综合研究院独立开展第三方评估，形成学者视觉评估报告。“百姓版”，即针对规划实施中市民关注的重点，开展大规模问卷调查，发放问卷474份，回收有效问卷415份，调查对象广泛覆盖党政机关、企业、事业等各层次从业人员，以及农民、退休人员、失业人员等，形成百姓视觉评估报告。

（资料来源：《重庆市“十一五”规划纲要总结评估资料》）

四、规划监督

总体上，由于发展规划立法滞后，我国发展规划实施的监督机制不够健全，监督效力有限，是发展规划实施过程中比较薄弱的环节。对此，中央提出了明确要求，各省级政府和发展改革部门正努力探索有效的规划实施监督机制。对发展规划实施的监督，一般有人大监督、社会监督、政府督查三种方式。

（一）人大监督

省级人民代表大会作为省级发展规划纲要的审批机关，拥有宪法赋予的监督职能。随着我国民主政治制度的深入完善，人大监督的力度和作用不断加强，各级人大都将发展规划纲要实施的监督纳入了对政府工作实施监督的重要内容。省级人民代表大会每年要审议上一年计划执行情况和下一年度计划报告，省级人大常委会年中要开展计划执行情况检查，听取省级政府对计划执行情况的报告，规划实施中期要审议省级政府对规划纲要实施中期评估报告，规划实施末期要审议省级政府对规划纲要实施总结评估报告。省级人大常委会的审议都会出具审议意见，省级发展改革部门应根据审议意见，提出整改落实措施报省级政府，省级政府还要将整改落实情况报告省级人大常委会。有时，省级人大常委会还会采取人大代表跟踪监督、代表专题调研、集中视察等方式推进对省级规划纲要实施的监督。

专栏2-14　西部某省五年规划实施人大监督情况

西部某省从“十一五”规划开始就在五年规划纲要实施机制的通知中明确，要求规划纲要中期实施情况评估报告和总结评估报告向省人大常委会汇报。在此之前，相关工作也已经常态化。在“十一五”规划中期，经省政府同意，省发展改革委向省人大常委会汇报了《五年规划纲要中期实施情况评估报告》，根据省人大常委会的审议意见，由省发展改革委对推进规划实施相关工作提出整改落实建议，省政府同意后部署落实，并报省人大常委会。在“十一五”规划末期，省政府提请省人大常委会审议《“十一五”规划执行情况及“十二五”规划编制情况报告》，对“十一五”规划执行情况做了汇报，对“十二五”规划编制情况进行了说明。

（资料来源：根据西部某省五年规划纲要实施人大监督的调研资料整理）

（二）社会监督

对规划实施开展社会监督，不仅是满足公众知情权、参与权，发展社会主义民主政治的重要形式，也是引导公众参与和监督，推进规划实施的重要手段。重庆市“十三五”规划纲要将完善规划实施公众参与和民主监督机制作为规划实施的重要保障措施，明确提出“及时公开规划实施相关信息，接受全社会监督”。按监督主体不同，社会监督可分为以下几类。一是民主监督。各民主党派、工商联和无党派人士通过参政议政，对规划实施开展民主监督。常见的形式有人民代表大会或政治协商会议的议案提案，通过有关渠道反映社情民意，或以调研报告等形式直接向省级党委、政府提出建议意见。二是行业协会商会、贸易投资促进机构、智库等社会力量的专业化监督。这些机构不仅有相互监督和自律机制，还可以充分发挥其专业背景对特定领域的规划实施开展监督。三是媒体监督。不仅可以发挥传统媒体的影响力，还可以借助互联网等新媒体对规划实施开展监督，引导更多公众参与。

（三）政府督查

政府督查是保证政府工作安排部署落实到位的有效手段。近几年国务院连续对有关重大战略部署开展督查，其中就有规划实施情况。重庆市委市政府《关于建立健全重庆市“十三五”规划纲要实施机制的通知》规定，“围绕《纲要》主要目标任务，强化联合督查和信息联动应用。将《纲要》实施情况纳入市政府年度重点工作督查内容，建立《纲要》实施专项督查机制。各区县（自治县）各部门负责组织开展区县（自治县）‘十三五’规划《纲要》和市级专项规划实施情况的督查。市、区县（自治县）两级审计机关要把规划实施情况纳入有关审计项目的审计范围。”

本章小结：省级规划是我国发展规划体系中承上启下的重要环节，既贯彻落实国家战略意图，又从本地实际出发，充分体现地方特色，是编制市县级规划的重要依据。随着社会主义市场经济体制的建立完善，我国对发展规划实践和认识不断深入，省级规划编制理念和思想方法不断更新，体制机制和规划编制程序不断完善，规划实施和监督逐步走向法治化规范化。目前，省级规划已经形成比较完整的体系，由原来的总体规划、专项规划、区域规划三大类，逐步发展为总体规划、专项规划、区域规划以及主体功能区规划、年度计划五大类。规划编制工作日益规范化、制度化，总体上分为前期研究、建议起草、纲要起草、规划衔接、批准发布等环节。规划编制过程日益民主和开放，让社会各界参与规划、认识规划，以此协调利益、统一思想、达成共识，使规划的各项目标转化为社会各界的自觉行动。伴随我国市场经济体制改革的深入，规划内容不断变化，规划成果日趋科学合理，既适应时代要求、符合发展规律、反映人民意愿，也特别注重规划的前瞻性、战略性、可操作性，并逐步向“市场投资指南”和“政府决策依据”方向发展，日益成为推进政府治理体系和治理能力现代化的重要手段。

第三章　省级五年规划的关系处理与经验

省级五年规划在规划体系中承上启下，一方面必须准确把握国家规划的要求，融入国家战略；另一方面必须把握本省发展环境和比较优势，对省域下级各类规划具有指导意义。作为中观层面的规划，上、中、下之间，各种利益主体、利益关系客观存在，这就要求省级规划制定必须充分调动多方参与积极性，处理好政府与市场、当前与长远、发展与环境、速度与结构的关系，立足当前、谋划未来、关注变化、动态调整，提高省级五年规划的科学性和民主性，更好地发挥规划在宏观调控、政府管理和资源配置中的指导作用。

第一节　规划与长远发展要素的关系

一、规划引领与多方积极性的调动

（一）省级五年规划的引领和调控功能

明确省域范围的主体功能和区域范围发展方向、划定区域生态红线及发展限制范围，规范各级政府和各级职能部门职责权限和考核标准，是省级规划引领作用的主要体现。以时代眼光和改革思路，创新规划理念，改进规划方法，提高规划的科学性、实效性，切实维护规划的权威性、严肃性，充分发挥省级规划的战略导向作用。一要符合时代要求，着力解决现实问题。要科学评判本省发展的内外部条件，针对省域发展建设中的主要问题，合理把握经济社会发展趋势，综合安排空间资源配置，并对一定时期内土地利用、空间布局和各项建设进行统筹安排。不同省（区、市）规划和规划管理没有统一的模式，要针对省域发展过程中的问题，动态地调整规划的侧重点。要根据发展建设中的新情况、新问题，制定不同的规划对策，紧扣时代脉搏，更好地发挥省级规划的战略引领作用。二要注重多方统一，正确处理协调问题。省级总体规划，要明确省域内的整体战略、开发布局、区域协调、生态和社会等领域的重点和目标，对重要的约束性指标，对各地、市（县）提出具体要求，而对其发展方向、产业布局、城镇开发等具体发展路径，充分调动各地、市（区）的积极性。省级专项规划，如细分产业发展规划、城镇体系规划、生态保护利用规划、社会发展规划、基础设施规划等，既要体现中观的整体性和指导性，也要体现微观具体性和可操作性的有机结合，对于各个细分领域，如具体产业、城镇单元、基础设施、社会领域等，充分授予地、市（区）政府、建设主体的积极性。省级区域规划，如省域内部城市群、跨行政区域的经济区或产业园区规划，需要明确区域内部的开放合作、产业分工、设施共建、服务共享等体制机制保障，从制度上为省域内的区域共同发展、互补发展、提速发展提供保障和指引。

专栏3-1 “十三五”规划对经济发展的引领意义

省级五年规划对于我国全面建成小康社会、实现第一个百年奋斗目标具有重大指导意义。党中央、国务院要求省级五年规划要统筹推进“五位一体”总体布局，协调推进“四个全面”战略布局，为确保如期全面建成小康社会、开启社会主义现代化建设新征程、实现第二个百年奋斗目标、实现中华民族伟大复兴的中国梦提供战略导向。

省级五年规划对于提高对外开放水平具有重大指导意义。重庆市“十三五”规划提出积极主动融入“一带一路”倡议和长江经济带战略，推动对内对外开放相互促进、“引进来”和“走出去”更好结合，在更大范围更高层面统筹好两个市场、两种资源，促进形成内外合力，构建开放型经济新体制，必将推动重庆市与国内国际共同应对全球性挑战、共同分享发展机遇，把重庆市对外开放提高到一个新水平。

省级五年规划确定了人民共享繁荣推动经济转型的发展方向。为适应全球产业、经济结构的重整，建立未来区域经济增长的制高点，在省级层面必须加快经济增长方式的转变和整体产业结构的升级换代。必须尽快改变传统资源高耗、产能低效和环境污染型经济增长方式；迅速突破发展瓶颈，建立健全社会主义现代市场经济格局。

（资料来源：根据《重庆市国民经济和社会发展第十三个五年规划纲要》整理）

（二）省级五年规划要充分调动多方的积极性

在突出省级规划引领作用的同时，给市（区、县）政府及各职能部门、各建设主体等留下土地资源、政策制定等主观发展空间，促进微观区域发展和民生改善，是省级发展规划作为中观性规划的基本要求。一要充分调动市（区、县）级政府的积极性。市（区、县）是我国规划管理体系的基层单元，承担着贯彻落实省级发展规划，推动经济发展、维护社会稳定、促进社会繁荣的重任。省级发展规划的制定要充分考虑市（区、县）级政府的主观能动性，在宏观上要有指导、有约束，在微观上要体现整体把关、分项考核的基本要求，要从土地指标、生态考核、空间指导、人口集聚等方面，提出具有激发地方政府积极性的要求和指导，力求为基层制定切合当地实际的发展规划留出空间。二要充分调动社会各领域的积极性。省级发展规划的实施需要包括产业、城镇、生态、安全、党建等各个领域的积极支持和落实，充分调动社会各个领域、行业的积极性，对于省级发展规划的实施具有重大意义。要从把握关键节点和主要环节入手，明确社会各个领域的主要任务和发展目标，做到宏观把握、微观考核。比如，在省级层面制定产业发展的宏观目标和政策指导，带动和引导基层产业集聚、链条式招商，激发各产业主体的布局积极性；制定城镇化发展体系，推动城市与农村人口疏解与集聚，激发城镇化发展主体的积极性；制定生态指导目标和激励措施，推动各地生态保护与功能优化，激发当地发展绿色产业、推动绿色发展积极性。三要协调处理省级发展规划整体利益最大化与其他各方个体利益最优化之间的关系。省级发展规划考虑的是整个省域甚至更大区域范围内用地的合理性，以求达到经济效益、社会效益和生态效益的统一，具有全局性的特点。它探求区域发展的整体最优模式，对特定区域和特定行业发展往往不是最优，甚至可能是极为不利的。而各个市（区、县）或细分行业领域、建设主体则是从自身利益出发，总是采用收益最大的发展方式。缺乏省级规划管理，其区域经济活动可能造成交通拥塞、环境污染、缺少公共设施等问题。

二、当前与长远、政府与市场的关系

（一）当前与长远关系的处理

我国的省级发展规划一般为五年，展望到未来十年，省级发展规划注重的是长期性，是省域长期发展的重要依据。省域发展是个长期的历史过程，必须立足当前、放眼长远，正确处理好当前与长远的关系，统筹当前建设和未来发展的需要，努力提高区域发展的协调性、持续性。过分强调长远利益，会失去经济发展的机会，过分强调短期效益，则可能会加重未来区域发展的负担和损害城乡居民利益。处理好当前与长远的关系，要求省级发展规划的制定和执行既不能脱离实际、好高骛远，超越发展水平发展阶段搞规划建设，又要突出战略性、全局性、前瞻性，为未来发展预留空间、创造条件，避免留下历史遗憾；既不能贪多求快，大搞政绩工程、短期行为，留下一堆后遗症，又要抢抓机遇、加快发展，避免多少年后还是“山河依旧”。要加快完善以省级总体规划为统领，以专项规划和区域规划为核心，以地、市（县）级规划为支撑的规划体系。要突出省级整体规划的全局性、长远性、地域性、民族性，根据国家国土空间开发规划和空间战略总体要求，面向未来、适度超前，确保定位精准、方向正确，不犯颠覆性、常识性错误。要以科学态度来编制、执行省级发展规划，既满足当前发展需要，又不局限于“一朝一夕”，不拘泥于“一城一池”，保证区域发展的可持续性。

（二）政府与市场关系的处理

新中国尤其是改革开放以来的发展实践表明，政府与市场不是对立的关系，政府通过规划（计划）引导与市场调节都是实现经济发展的手段，两者不可或缺，也不可相互替代，核心是要实现手段合理配置与有效结合，避免各自短处缺陷，充分发挥长处优势。坚持新发展理念，要发挥好市场在资源配置中的决定性作用，也要更好地发挥政府职能作用。要有效克服市场的盲目性，也要加强宏观调控，规范市场和微观主体行为，又不能代替市场功能，造成市场扭曲。市场与计划两者达到某种程度的均衡成为推动五年规划（计划）体制演进的历史逻辑，五年规划（计划）制度经历了从发展到衰弱，又经历了改革和复兴；经历了从越位到缺位，再到归位的转型过程，最终实现既发挥市场优势，又克服市场劣势的结果。政府的职能作用也是如此，如果把市场和政府比喻为无形与有形之手，那么就经历了从无形到有形，再到两只手同时使用；从两只手都弱到一只手硬，再到两只手都硬的转变过程。

中国的发展实践证明，规划与市场，“两只手”比“一只手”要好；“两手硬”比“两手软”要好，五年规划（计划）的转型也是如何实现两只手更有效结合的探索，需要在进一步发挥国家省级发展规划的战略导向作用同时，使五年规划成为市场友好型的规划。改革使经济领域实现了去行政计划过程，但目前还是存在越位、错位问题，需要全面推进深化改革，进一步破除行政计划体制的不当束缚，尤其是地方政府运用行政手段过度干预微观经济活动的行为。使五年规划成为市场弥补型的规划。公共产品和宏观调控是市场失灵的领域，需要进一步强化政府职能的作用。完善宏观调控要按照总量调节和定向施策并举、短期和中长期结合、省域和国内外统筹、改革和发展协调的要求，更加注重扩大就业、稳定物价、调整结构、提高效益、防控风险、保护环境。提高实现这些职能的约束性指标比例，提高公共服务类型指标比例。使五年规划成为市场引导型的规划。对微观领域产品的活动，五年规划虽然不发挥直接干预的功能，但可以通过宏观预测为投资者、生产者提供信号导向作用，可以通过预期性指标进行产业方向引导、研发投资引导和技术升级引导等。

政府与市场以发挥不同的作用实现互为补充，不是非你即我，非我即你。政府的作用是弥补市场失灵，而非替代市场；政府的作用是对市场友好，而非排斥市场；政府的作用是对市场引导，而非指令市场。一个有效的政府既要提高自身的效率和配置公共资源的效率，也要提高自身治理体系和治理能力的现代化水平。从“无所不管”转向“有限领域”，从“过度越位”转向“科学定位”，从“公共服务缺位”转向“公共服务到位”；从“计划行政手段为主”转向“经济法律手段为主”，从“直接控制为主”转向“间接控制为主”，逐渐走向法治政府。省级政府应当具备三类政府职能。一是市场经济政府的职能，包括制定和实施政府发展规划（计划），制定颁布规章，维持社会基本秩序，界定产权，保护产权。二是对市场失灵领域的干预职能，包括提供公共物品，保持宏观经济稳定，使经济外部性内在化，限制垄断，调节收入和财富分配。三是在适应省情条件下具备的职能，包括促进市场发育，建立公平竞争的统一市场，注重公共投资，促进基础设施建设，实施产业政策，促进产业结构高度化，充分发挥比较优势；解决区域发展不平衡，开发人力资源，保护自然资源，进行生态环境治理，防灾、减灾和救灾；管理国有资产和监督国有资产经营，实施精准识贫精准扶贫精准脱贫。

三、发展与环境、速度与结构的关系

（一）发展与环境关系的处理

良好的自然生态环境是经济发展和社会进步的根本基础。正确处理发展同环境的关系，需要牢固树立保护环境就是保护生产力、改善环境就是发展生产力的理念，更加自觉地推动绿色发展、循环发展、低碳发展，决不以牺牲环境为代价去换取一时的发展。省级发展规划的制定和实施，需要综合考虑经济、社会和环境效益，避免因过度追求发展而走“先污染、后治理”的老路，需要通过加强基础设施建设和环境综合治理，改善生态面貌，推动区域健康发展。正确处理发展与环境的冲突，需要在制定省级发展规划时，把省域生态环境承载力①作为规划的重要依据，把城乡环境保护平衡作为规划是否合理的重要标志，把保护生态环境作为省级发展规划的主要目标，统筹环保型的基础设施规划和空间环境资源保护规划，真正做到不突破环境承载力，不打破发展与环境的平衡，不放弃环境保护目标，不影响自然形成的山体和水域。要按照生态系统的特点，合理配置各类要素资源，实现区域范围内生态环境网格化，形成布局合理，各具特色的生态系统，在充分保障生态环境的基础上，实现经济效益和社会效益的最大化。

（二）速度与结构关系处理

合理的发展结构是实现发展速度和效益有机结合的重要基础。党的十九大报告指出，必须坚持质量第一、效益优先，以供给侧结构性改革为主线，推动经济发展质量变革、效率变革、动力变革，提高全要素生产率。中国特色社会主义进入新时代背景下，要实现党中央、国务院制定的宏伟战略目标，实现经济发展和社会进步同步并进，就需要在省级发展规划制定和实施中，既要防止出现经济失速的风险，顶住下行压力，保持稳定增长；又要改变以速度论英雄的政绩观，不失时机推进改革和调整，破除“速度焦虑症”；既要把握发展的速度，又要注重包括产业结构、内外贸结构、投资与消费结构等在内的发展结构，不仅要加快发展，而且要全面发展、协调发展和可持续发展。因此，省级发展规划，就需要从发展速度指标、发展结构指标上，对发展速度和发展结构做出引领性的描述和指导，要在思想理念上紧跟新变化、新情况、新问题，做好预判和制度安排，围绕速度变化、结构优化，根据形势变化和政策实施过程中出现的新情况、新问题及时

① 承载力的环境学定义为：一个地区能够承受人类活动而又不降低环境质量的最大环境容量。对于环境系统而言，城市环境系统承载力指在保证城市健康持续发展时，在维持城市环境结构不发生质的改变、环境功能不朝恶性方向转变的条件下，城市系统所能承受的人类各种社会经济活动的能力。

做好省级发展规划制定、评估和考核，与时俱进改进工作的新办法和新举措，提高省级发展规划的引领和带动作用。

四、重大因素影响与规划调整

（一）国际国内环境变化与规划调整

建立规划的评估调整机制，是科学合理推动规划落实的有效途径，也是紧跟国内外发展形势，预判微调省级发展规划，有效解决规划执行过程中遇到的诸多问题的必然要求。良好的外部发展环境是推动经济发展和社会进步的基础保障。全球化背景下，区域经济增长受外部影响敏感度更高，世界性的经济波动、偶发性的突发事件以及不可抗力的自然因素等外部环境，已成为规划调整的必要条件。如在 2008 年国际金融危机爆发后，省级发展规划随之下调经济发展预期，积极推动经济结构转型升级；国家提出“一带一路”倡议和长江经济带战略后，相关省市纷纷将省域发展战略与国家战略相融合，积极推动区域经济向东向西双向开放。不可抗力的自然因素同样是省级发展规划调整的重要影响因素，如汶川特大地震发生后，四川省按照国家相关要求，将灾后重建作为省级规划的一项重要内容加以补充。因此，省级发展规划需要在清醒认识国际国内发展环境变化的基础上，准确把握外部发展大势，既要看到蕴藏的机遇，也要应对面临的挑战，适时推动省级发展规划调整、修订和优化。

专栏 3－2　国际金融危机后上海市发展思路的调整

2008 年年中，美国次贷危机引发的世界经济波动和放缓对我国实体经济的负面影响开始显现，并与国内经济长期积累的深层次矛盾交织。2008 年，上海经济结束了连续 16 年的两位数增长。面对复杂外部环境和自身结构调整的双重挑战，上海冷静思考、沉着应对，在调整中发展，在创新中转型，从规划的角度积极应对国际金融危机带来的挑战。一是坚持以形成服务经济为主的产业结构主攻方向，通过规划进一步明确结构调整的目标和重点，加快构建以现代服务业为主、战略性新兴产业引领、先进制造业支撑的新型产业体系。二是毫不动摇地减少对重化工业、房地产业、加工型劳动密集型产业、投资拉动的“四个依赖”，努力探索转型发展新路。三是坚持把创新驱动作为发展方式转变的中心环节，激发转型发展的内在活力，例如，启动实施国家服务业综合改革试点，实施营业税差额征收、鼓励先进制造业主辅分离等扶持政策，开展了交通运输业和部分现代服务业营业税改征增值税试点。出台张江国家自主创新示范区企业股权和分红激励试行办法，鼓励科技人员创新创业等。四是深入推进体制机制改革突破，加强对转型发展的激励约束和制度保障。如围绕“两高一少”目标，深化行政管理体制改革；扶持中小微型企业发展，促进多种所有制共同繁荣；改革绩效考评管理办法，深化市与区县财税管理体制改革。

（资料来源：根据上海市调研资料整理）

（二）重大科技革命和产业变革与规划调整

当前，随着互联网、物联网、电子信息、新材料、新能源等新型技术的突飞猛进，以核心电子器件、高端通用芯片、基础软件、健康生命等为核心的各类科技领域融合、交叉孕育了重大科技突破。世界各国均围绕智能制造、信息通信、航天航空等重大领域进行科技创新，以创新驱动制造业转型升级。在此背景下，省级发展规划确定的科技创新方向、重点产业布局以及核心产品开发等，均有可能因世界重大科技突破而出现变化。因此，在新的背景下，省级发展规划必须顺应世界科技变化趋势，针对相应领域及时做出响应，适时推动规划与世界重大科技创新相衔接，对产业方向、创新领域、创新政策和重点产品研发等做相应调整和修订。

（三）重大项目调整程序、重大政策调整与规划调整

由于区域社会、经济结构和形态处于不断变化之中，一次规划不可能一劳永逸地解决一个地区今后发展过程中的所有规划管理问题，这就要求省级发展规划具有一定的预见性和前瞻性。与此同时，省级

发展规划本身是较为中观的规划，是介于国家宏观规划和市（区、县）微观规划之间的规划，受省级层面和国家职能部委的沟通机制、国际战略合作等不确定因素的影响，省级发展规划本身的前瞻性和预见性相对有限。特别是随着区域合作的不断深入，一些区域性大项目并不在省级发展规划中体现。同时，为了紧跟世界经济社会发展趋势，适应区域发展战略要求，减少不可预见因素对经济社会发展的冲击，政府各级部门会对全局性的重大宏观指导政策适时做出调整和完善。受重大项目和重大政策不确定性的影响，省级发展规划在实施过程中，必须按照一些不确定的重大项目落地要求，充分考虑特重大项目的调整时序、程序和时间跨度等因素，预留较为充裕的调整时间和落地空间，对其土地利用规划、配套设施规划、产业布局规划、城镇体系规划做必要的调整和修订；必须按照国家各项政策的变化，结合社会主要矛盾的变化和国际国内形势，把新的发展理念、新的发展环境、新的工作思路纳入“法定框架”，从而确保省级发展规划的执行力度和可持续性。

专栏 3-3　中国（重庆）自由贸易试验区设立后对重庆市规划的影响

2017 年 4 月中国（重庆）自由贸易试验区（以下简称自贸区）正式挂牌。随后，重庆自贸区涵盖范围的两江片区、西永片区、果园港片区对外贸易政策和产业发展方向做出应对性的调整。一是发展定位和重点产业的调整。两江片区打造高端产业与高端要素集聚区，重点发展高端装备、电子核心部件、云计算、生物医药等新兴产业及总部贸易、服务贸易、电子商务、展示交易、仓储分拨、专业服务、融资租赁、研发设计等现代服务业，推进金融业开放创新，加快实施创新驱动发展战略，增强物流、技术、资本、人才等要素资源的集聚辐射能力。西永片区打造加工贸易转型升级示范区，重点发展电子信息、智能装备等制造业及保税物流中转分拨等生产性服务业，优化加工贸易发展模式。果园港片区打造多式联运物流转运中心，重点发展国际中转、集拼分拨等服务业，探索先进制造业创新发展。二是发展战略上的调整。提出以自贸区建设为抓手，不断释放国家中心城市潜力，拓展承东启西、连接南北的区位优势，致力于打造内陆国际物流枢纽和口岸高地，推进与投资便利化、贸易自由化和金融国际化相关的各项改革探索和制度创新，推动自贸区建设取得实实在在的成果。如更加注重内陆开放，提出要建立国际多式联运监管中心，打造覆盖铁、公、水、空多种运输方式的国际物流运输体系；支持区内企业以自建、收购、股权合作等多种方式在“一带一路”沿线国家建立境外营销、物流、结算等区域性运营总部；支持试验区与“一带一路”沿线国家、地区共同建设国际产业合作试验区，支持以试验区为依托建设中德、中韩等国际经贸、产业、人文合作平台等。

（资料来源：根据重庆市自由贸易区管理办公室、重庆市发展改革委调研资料整理）

第二节　规划目标与空间规划保障的关系

一、规划目标的宏观协调性与空间保障的具体性

（一）规划发展目标和空间要素保障

二者是目的和手段、指引和支撑，相辅相成的关系。一方面，发展规划对区域发展提出纲领性、战略性、综合性宏观发展目标，缺少发展规划的统领指引，空间开发利用将变得无序混乱。另一方面，空间是规划目标实现的载体和保障。宏观发展目标必须通过各项战略任务、重点项目在具体的国土空间上布局控制来实现。发展规划目标设定应充分考虑到空间要素承载能力，空间规划应围绕发展规划设定的宏观目标提供相应空间要素支撑保障，两类规划必须紧密结合、有机衔接，才能推动区域可持续发展。马克思指出，“空间是一切生产和一切人类活动所需要的基本要素”，人类的各类经济社会活动必须考虑空间环境的承载力。规划编制与实施必须树立清晰的空间意识，科学统筹生产、生活、生态三类空间（以下简称“三生”空间）。

我国多数省级五年规划与空间规划制定时序不同步、支撑匹配程度低，割裂现象明显，造成宏观发展目标和空间要素保障之间出现量、质双层供需矛盾。一是土地等空间要素与宏观目标总量匹配矛盾。各省级（尤其是中西部欠发达省市）国民经济和社会发展规划编制实施过程中，“重指标、轻空间”，规划指标过高、项目过多，超出空间承载力。各省市发展规划实施过程中，常常出现部分重点项目落地困难的问题，占水围湖、开山造地等现象突出。二是“三生”空间之间的结构性矛盾凸显。“三生”空间结构分配上，重视“生产”和“生活”，轻视“生态”。三是生态空间质量下降，空间约束不断收紧。发展规划实施过程中，资源粗放利用、违法违规开发与排污等现象持续存在，造成水体、空气、土壤等环境要素质量下降，生态系统功能退化，资源环境承载能力持续减弱，空间约束不断收紧。

（二）坚持“多规合一”有共同遵循

长期以来，由于各类规划之间缺乏“共享共用共管”信息联动平台，导致规划间的技术协作与协同管理不够。为有效推进规划间的有效衔接，应充分抓住大数据时代机遇，统筹配套推进“多规合一”的信息平台建设。以每年更新的国土系统土地利用现状数据、适时更新的土地规划数据库为基础，基于统一的坐标体系和比例尺，构建基于地理信息系统的“多规合一”信息平台，建立“多规合一”管理信息互通机制，实现部门间信息共享、业务协同管理，为部门审批提供决策支持。建立起“多规”空间边界和属性统一的“一张图”，并形成以重点地区开发为主体的项目库。

（三）有重点、有差异地强化五年规划的空间保障

党的十九大报告指出，我国仍处于并将长期处于社会主义初级阶段的基本国情没有变，我国是世界最大发展中国家的国际地位没有变。当前及未来很长时期内，各省市仍然要坚持以发展为主线，在科学划定和严格遵守“三区三线”① 界线及相关政策基础之上，把原则性与

① 城镇、农业、生态空间以及生态保护红线、永久基本农田、城镇开发边界。

灵活性结合起来，全力做好稳增长相关工作，切实发挥空间要素的基础保障作用。各类空间规划编制需紧密围绕发展规划的目标展开，优化土地、矿产等空间要素的分配方式。国土空间要素不能平均使用，要体现侧重性、差异性，优先支撑保障对国民经济和社会发展关键重大指标和目标。对全局型、引领型的交通、能源、水利等重大基础设施布局、重大战略产业、工程和民生项目，细化落实“特事特办”特殊政策，国土、城乡等空间规划要事先预留用地指标，并允许在县域内跨乡镇调整。

二、毗邻省域空间保障的协调关系

（一）国情决定了我国省际区域空间必须协调

党的十九大提出“实施区域协调发展战略”。未来，完善省际有效沟通机制，加强省际边界区域间分工协作，支持和鼓励在省际交界地区开展区域一体化发展试点试验，切实推进省际边界空间优势互补、互利共赢协调发展，将成为各省级发展规划的关注重点。毗邻省域空间，意指省与省接壤的地方，即省际边界地带。区域一体化发展大背景下，强化毗邻省域之间以交通为主导的基础设施、重大产业、民生等项目的空间要素保障，有助于促进人才、资本、技术、知识等生产要素的空间流动，延伸和扩张市场空间，推动省际区域合作，发挥协同效应，形成可持续发展合力。受行政壁垒阻碍、协调沟通不畅、地方政府利益博弈等多种因素影响，我国大多毗邻省域空间在资源要素对接对流、基础设施相连相通、生态环境联防联控等方面的空间保障难以协调，经济社会发展整体水平不足，省际发展规划的关键宏观目标实现存在难度。一是生产要素空间流通不畅。商品、资本、人才等要素在省域空间内的流动畅通无阻，超出省域边界的流动则或多或少、不同程度地受到限制，市场分割现象依然严重。二是基础设施建设管理衔接不畅。省际交界地带的许多重点基础设施是跨行政区域的，需要省与省之间相互衔接、相互配合地开发运作。受行政壁垒的主要影响，毗邻省域空间以交通为代表的基础设施建设明显滞后，主要表现为省际交通缺乏，过境交通干线不足，存在“断头路”。甚至存在明显的重复建设和不适当竞争、互联互通的程度较低等现象。三是生态环境联防联控协调难度大。边界地带是当前我国环境监管的大盲区之一，跨区域排污，以邻为壑现象突出，环境安全隐患大。一些环境污染相对较严重的企业，会特意选址在省际交界地带，使环境污染侦查和界定困难。跨省毗邻的两方或多方地区之间，自然形成了河流上下游、风向上下风等环境关系。部分处于上游或上风位置的省市，在项目定址、用地布局的时候，往往没有考虑下游或下风位置的省外地区，容易形成环境冲突。

（二）毗邻省际五年规划必须衔接

我国各类规划的立项、编制、实施和管理是以行政区为基础来开展推进的。由于信息的非完全性和非对称性，以及行政壁垒的存在，规划编制主管部门往往基于本省市土地资源、地形条件等空间资源要素本底，立足本省市区域发展需要来编制规划，较少或者没有考虑毗邻省域空间的协同规划。为消除行政壁垒造成的毗邻省域之间规划割裂现象，应加快推动相邻省市以地域分工和利益共享与均衡为基础，共同协商、共同编制边界区域总体发展规划，统筹布局实施重大建设项目，统筹边界地域发展。

（三）毗邻省际利益协调沟通机制必须建立

长期以来，由于缺乏切实有效的省际利益协调、对话沟通机制，省际在重大基础设施、产业发展等项目上疏于合作，区域互联互通程度较低，“断头路”即为例证。应坚持正确义利观，奉行互利共赢的合作战略，加强省际利益协调、对话沟通。一方面，在国家层面，由中央相关部门牵头、省市政府共同参与，在省级行政机构层级之上，新设跨区域、具有建设实体性的协调管理机构，协调省际利益关系，统筹省际重大事项的协商决策，调处省际纠纷。另一方面，在省级层面，应积极打造省际区域间对话、协商与合作平台，寻找双方共同的利益契合点，推进边界区域合作共赢发展。

（四）重点突破毗邻省际重点领域空间协作

短期内，突出重点，从国家层面率先推动，并协调支持省域交界地带基础设施、生态保护两大重点领域的跨省市空间协作与保障。基础设施互联互通是毗邻省域空间协同发展的基础和条件，应加强毗邻省份间沟通协调，统筹推进重大基础设施建设。加快铁路、高等级公路、内河航道等交通干线建设，打通“断头路”，畅通瓶颈路段；加强交界区域电源与电网联网建设，合作共建重要的支撑电源点；加强跨区域水利基础设施建设，促进省际信息网络设施共建。生态环境既是重要的民生问题，也是区域可持续发展的重要保障，应在毗邻省域空间强力推动跨行政区的生态环境保护建设合作。协同推动重点生态功能区的生态系统保护和修复，加强跨行政区自然保护区建设和管理，加强生态环保联防联控联治，建立探索区域一体的废弃物回收利用体系。

专栏 3-4　美国田纳西河谷流域开发

如何解决跨行政区域在重大基础设施建设、重大战略性资源开发以及生产要素自由流动的行政壁垒？国外普遍的做法是在省级行政机构层级之上，建立相应的跨区管理机构。美国为了整治和开发田纳西河谷而设立的田纳西河流域管理局（Tennessee Valley Authority，以下简称 TVA），就是一个值得我国毗邻省域空间规划和开发借鉴的成功经验。

田纳西河位于美国东南部，是密西西比河的二级支流，是俄亥俄河的一级支流，长 1050 千米，流域面积 10.5 万平方千米，地跨弗吉尼亚、北卡罗来纳、佐治亚、亚拉巴马、密西西比、田纳西和肯塔基 7 个州。历史上，田纳西河流域是美国最贫穷落后的地区之一，森林遭到破坏，水土流失严重，经常暴雨成灾，洪水为患。1933 年，罗斯福总统向国会提出并签署了综合治理田纳西河流域的《田纳西河流域法案》，设立了跨区管理机构 TVA，经营至今。TVA

集规划、执行和管理等多个功能于一体，负责田纳西河流域水土保持、粮食生产、水库建设、电力开发、通航交通等多领域建设。

田纳西河流域综合治理、全面发展计划的实施，有效降低了流域的生态问题，生产了大量廉价电力，成功实现通航，大大提高了该地区人民的生活水平。到 1940 年，在战争开支产生影响之前，该地区 7 个州的人均收入比 1933 年增长 73%，而同期全国人均收入只增长了 56%。

（资料来源：百度文库）

第三节　规划科学民主与效益评价的关系

一、规划科学性的体现

（一）规划科学性的基本内涵和要求

有效实施是省级发展规划编制的最终目的，客观及时的评价监督能够发现规划实施过程中存在的矛盾问题并引导改进，从而保证规划的科学民主性。从马克思主义认识论角度来看，科学性就是实事求是、从实际出发，就是主观认识符合客观实际，就是主观与客观相统一，也是认识掌握事物发展的客观规律。基于此，省级发展规划作为指导一省（区、市）经济、社会总体发展的宏观指导性政策文件，其科学性主要体现在以下几个方面。第一是理念的科学性。省（区、市）级总体规划作为国家三级三类规划体系中的重要组成部分，编制理念以中国特色社会主义最新理论成果为核心，以社会主义市场经济理论、区域协调发展理论、主体功能区理论以及产业、人口、城镇、生态相关理论作为基础，充分体现中央对于各个省级行政区域未来五年发展的政治判断和重大要求。就“十三五”规划来说，紧紧围绕统筹推进“五位一体”总体布局，协调推进“四个全面”战略布局，牢固树立创新、协调、绿色、开放、共享的发展理念，具备很强的科学性。第二是指标的科学性。当前省级发展规划指标主要分为约束性指标①和预期性指标②。体系设计、数值设定直接反映政府的发展战略构想与重大决策部署，具备一致性、系统性、适应性、简明性、有效性和相对稳定性等特点。就“十三五”规划指标设计来说，充分体现了创新、协调、绿色、开放、共享五大发展理念，内容涵盖广泛、考核功能全面，便于掌握和评价规划实施进度，具有很强的科学性和整体性。第三是方法的科学性。省级发展规划的目标是通过科学分析省域自然、人文环境基础，对今后五年省域经济规模、经济结构、社会发展做出理性预测，指导地区发展的纲领性文件。编制方法主要以现代系统科学原理为指导，采用实地调研与会议研讨相结合，实证分析与规范分析相结合，定性分析、定量分析和空间分析相结合的科学编制方法，突出体现“多规合一”规划思想，具备整体性、开放性、时序性和非平衡性等特征。

（二）科学性体现存在的博弈

科学编制省级发展规划，既能体现中央对省域发展要求以及省（区、市）级行政区域发展的战略部署，又集中体现了社会发展的新形势、新战略和新目标，但在某些方面仍存在不少问题和博弈。第一是指标选择上的体现。在指标选择的科学性上，为保证本轮规划和上轮规划的可比性、连续性，指标的选择要尽量保留和继承上轮指标体系中能较好地反映经济社会发展状况的指标，但由于外部环境、技术飞跃、长官意志等因素的影响，指标的科学选择仍然存在博弈，个别相邻五年规划之间指标差别较大。而在指标的可操作上，应尽量保持与国家和省（区、市）已有指标体系衔接，充分考虑指标数据的可获得性，以利于今后的年度、中期或五年评估，但仍存在部分规划拟定指标统计部门没有周期性统计指标相对应的情况，导致规划实施评价存

---

① 约束性指标是明确并强化政府责任的指标，是在公共服务、公众利益、生态环保的经济外部性领域对政府提出的工作目标，具有政府对社会承诺的色彩。

② 预期性指标是体现省级政府对于区域发展期望、上位规划对于本级要求以及对下位规划指导的指标，适用于表达社会共识和政府引导市场主体行为的政策意图。

在一定难度。第二是指标量化上的体现。科学区分约束性、预期性指标应坚持实事求是，准确分析区域发展动力和坚守底线，在规划编制过程中，要注意统筹预期性指标和约束性指标的数值拟定方法，科学确定各项数值。通常来说，经济类预期性指标围绕 GDP 等核心指标展开，通过科学计量方法确定，社会类预期指标采用回归模型方法确定数值，约束性指标采取德尔菲法、层次分析法模型进行计算，确定数值。但在现实中，量化指标一方面体现了当时对于今后五年发展的规划，方法本身存在局限，另一方面又对省级政府未来围绕规划的实施和监督提出了考核要求，容易导致政府意志、考核需要等外部因素干扰指标的科学制定。

（三）提高规划的科学性

由于地理信息系统（GIS）技术的出现，省级发展规划进入到一个定性、定量与空间三者融合发展的阶段。理清三者关系，明确三者应用边界，对于提高规划的科学性有着重要的现实意义。第一，以定性指导规划全局。定性的研究方法是根据社会现象或事物所具有的属性和在运动中的矛盾变化，从事物的内在规定性来研究事物的一种方法或角度，主要以公理、一套演绎逻辑和大量的历史事实为分析基础，从事物的矛盾性出发，描述、阐释所研究的事物。省级发展规划应切实体现中央的重大决策部署，以政治经济学、发展经济学、区域经济学理论为支撑，科学刻画省级地区经济发展一般规律，使用定性分析方法统筹指导规划全局，掌控规划制定方向。第二，以定量明确规划目标。省级发展规划在今后进行年度、中期和五年评价的过程中，需要依据规划指标建立量化考核机制。因此，一方面，应充分体现中央对于五年发展规划的编制理念和区域发展特色，定量规划目标，对接上位规划各类要求，传导下级规划考核评价，增强省级规划的操作性和指导性。另一方面，通过弱化政绩强相关指标，突出民生、环保、公共服务等指标，加快单纯以 GDP 为中心的政府政绩考核机制改革，充分体现从高速度发展向高质量发展的转变。第三，以空间支撑规划落地。结合 GIS 技术发展现状，综合运用 GIS 在空间结构、空间组织理论有关应用，充分借助 GIS 工具空间分析功能，加强规划的空间支撑。省级发展规划应着重体现“多规合一”思想，形成一本规划、一张蓝图，通过 GIS 技术强化省域空间布局，优化省域空间结构，将经济社会发展与优化空间布局统一起来，增强城乡、土地、环保、交通等专项规划与下位规划在空间布局上对接本级规划的可操作性。

二、规划民主性的体现

（一）规划民主性的基本内涵

规划民主性主要是指在规划编制、实施、评估以及监督过程中坚持“开门编规划”，坚持发扬民主，集思广益，提高规划编制的透明度和社会参与度，关键是理顺政府、企业和社会公众三者在规划编制实施过程之中的关系，一方面是增强编制规划的科学性和生命力，另一方面则是政府职能转变的必要要求，由管理型政府加快向服务型政府演化。主要体现在如下方面。第一，基础是做好政府间各部门协调。当前省级发展规划在不同程度上，存在政府各个部门在参与编制、评审通过、制定颁布以及实施评估等各环节中的协调矛盾，对发展规划的未来发展提出了挑战。有效平衡各部门参与省级发展规划各个环节的关系和利益，激发各部门参与规划编制实施的积极性，更加体现省级发展规划全局性、系统性和指导性，是规划民主性原则的基础。第二，核心是体现企业合理利益诉求。省级发展规划存在面向权力而非生产力的矛盾，通常只考虑全省（区、市）经济社会发展的战略优势条件、发展目标与思路、发展重点与对策等内容。企业作为规划实施的主体，其利益诉求往往被忽视，积极引入企业参与省级发展规划编制实施，既是发展规划编制实施自身的内在要求，又是规划编制统一思想、凝聚共识的功能体现，已经成为规划民主建设的核心。第三，重点是加大公众开放参与程度。省级发展规划兼具宏观和微观的双重特征，加大社会力量的参与，集中体现“开放式做规划、做开放式规划”的创新规划编制理念，有助于深入了解民情，充分反映民意，广泛集中民智，切实珍惜民力。既是推进政府决策民主化、科学化的基本要求，又是规划编制部门紧密联系群众，转变工作作风的具体表现，已经成为当前规划民主性的重点。

（二）民主性体现的主要关系

省级发展规划是以宏观性、战略性、指导性为主的规划，由省级发展和改革部门具体管理和实施，作为其他各类规划的依据和原则，目前多采用自上而下的垂直体系，极易导致政府内各个部门、政府与企业、政府与公众产生利益博弈，成为影响规划成功与否的关键。第一，政府各部门间的矛盾协调。目前发展规划的长期性、空间性不够，原则上以省级发展规划为依据的同级其他规划如城乡总体规划、土地利用总体规划等缺乏指导与基础。且内容相对宏观，个别部门自身诉求点到为止，导致其更愿意制定和使用专项规划。规划编制主要体现上位规划的意志，缺乏吸纳地市级政府合理期望，对各地市发展的指导力度不够。实施过程中缺少省级部门之间协调配合，对资源缺乏统一配置能力，规划效力较低。第二，政府与企业间的矛盾协调。发展规划体系一直沿用自上而下的垂直方式，编制过程基本在政府体系内运转，企业开放参与程度不高，相关利益诉求往往被忽视，参与发展规划实施的积极性较低。整个规划过程奉行向牵头单位负责和成果至上的观念，注重规划编制水平，既忽视了规划的实施，也忽视了企业参与实施的现状，忽略企业接受和实施规划的利益考量。规划监督的主要方式仍然是省（区、市）政府及其发展和改革部门牵头，聘请专家团队通过走访、调研、座谈等形式了解规划实施情况，参与评估的主体以政府为主，也缺少企业的参与。第三，政府与公众间的矛盾协调。社会公众参与规划制定、实施和评估环节仍存在一些潜在的风险和矛盾。一是公众作为发展规划中重要的参与者，缺少对国家战略和地区现状的宏观认识而容易被忽视，规划参与程度和积极性普遍不高。二是由于规划微观部分易被放大，由公众参与演变为公众决策，导致不同社会力量因为各自利益产生无谓的博弈，降低规划的认同度和执行效率。三是专家作为特殊公众团体，能够深度介入规划的制定实施。很多评审专家在规划编制中或多或少参与编制或者相关课题研究，在省级发展规划的评审中囿于自身角度，很难发现问题并提出具有建设性的观点。

（三）提高规划的民主性

为确保省级发展规划编制、实施、评价以及监督等环节的科学性，应从积极协调政府、企业、公众三方利益的角度出发，充分体现规划的开放、透明，加强各方参与力度，努力提高规划的民主性。第一，提高政府部门参与热情。完善省级发展规划相关法规，从根本上确立规划法律地位。进一步加强政府依法确立规划、编制规划、审核规划、实施规划的意识，规范规划功能定位、运作程序。由省级发展和改革部门牵头，吸纳各个部门参与，在编制过程中充分考虑各部门的利益诉求。继续强化规划的可操作性，提高与专项规划的对接效率，避免产生“规划打架”的情况。提高发展规划的空间管治力度，确保在空间上与其他规划协调一致。第二，积极吸纳企业参与规划。满足企业作为市场主体的需要是省级发展规划顺利实施的关键，应将原来自上而下的垂直体系转变为扁平体系，通过建立公开的规划体系和进入准则，广泛吸收企业参与规划全过程。通过政府、企业两方合作，激发企业参与规划编制、实施的积极性。尊重企业对于规划的理解和接受方式，努力使规划成果的实施建立在客观说服力的基础上，降低强制力，加强企业实施规划的主动性。第三，扩大社会公众开放程度。公众参与发展规划，体现出省级决策权分散、下移和公众参与的趋势。目前社会各界对参与规划决策意识日益增强，要在规划决策中真正体现公众利益，必要健全公众参与机制，切实做到“开门搞规划”。通过座谈、网络、媒体等方式直接参加方案讨论，充分表达自身意愿，为规划提供建议。在规划研究、编制、评审过程中切实发挥专家作用，作为公众代表实质性参与规划编制，履行规划决策的技术监督者的角色。

三、规划的绩效评价

（一）绩效评价的内涵要求

省级发展规划需要通过绩效评价反馈来探求影响规划效应的因素，

从而提高规划实施的有效性。规划实施情况只有通过系统的规划绩效评价才能实现，因此绩效评价与规划不可分离，成为确保规划有效实施的必要环节，有助于省级发展规划社会地位的建立和巩固，理解既有规划的不足，对后续省级发展规划的制定调整，满足纵向规划需要和匹配横向规划体系具有重要意义。

（二）完善规划绩效体系

健全省级发展规划绩效监测、评估、考核机制，客观评价省级发展规划阶段目标、战略任务、政策举措的落实情况，不仅能认识和掌握省域经济社会发展的全面情况，还能找准关键领域和薄弱环节的重点和难点问题，为总结经验、分析不足、完善政策措施打下基础。一是重点要掌握绩效监测的阶段性。规划实施期间，国内外宏观环境可能出现大的变化，规划实施也可能出现难以预料的情况。在全面评价省级发展规划的基础上，需要针对重要方面进行深入评价，紧扣主题主线大方向的执行情况，突出经济增长、科技创新、对外贸易等核心预期性指标，紧扣绿色发展等约束性指标的实现情况，紧扣政府履行职责的情况，把当前的经济社会发展形势摸准摸透，与长远任务结合起来，掌控好规划实施的脉搏和节奏。二是关键要突出绩效监测的常态性。监测工作主要收集规划进展情况的数据信息。应突出绩效监测的常态性，采用规划实施、监测“两头并进”的实施模式。对照年度总结、中期评估等关键节点，依据指标体系对实施规划情况评估，把握总体情况，调整大的政策。将规划目标合理分解到年度计划，做到规划和计划的有机衔接，把定量和定性结合起来，充分发挥统计数据的监测功能，采用定量评价，紧扣规划指标体系，运用考核计算方法，形成量化绩效结果，便于后续考核和修正。

第四节　省级五年规划的经验

一、决策层、咨询层、编制层的互动有助于汇聚共识

省级五年规划的编制过程也是达成共识的过程，称之为“共识型

决策”。规划编制过程中多主体互动成为达成共识、提升规划质量的重要经验。决策层与编制层间互动的次数越多，越利于编制层各部门和各地级市、区表达利益，越利于决策层了解情况，降低信息不对称，同时决策层依靠科学判断和权威对各部门和各地级市、区的利益分歧、观点分歧进行拍板定案，最终统一思想，形成共识，进而促进各部门和各地级市、区履行五年规划任务。

（一）规划的编制层与决策层共同参与实地调研

一是通过前期调查研究，编制层与决策层将对省情的发展基础、发展条件、发展问题等有一个初步的统一认识。重庆市的“十三五”规划编制最早就始于前期的广泛调研。2014 年 12 月 9 日—19 日，规划编制领导小组（包括起草组）深入部门、市县、园区和企业等广泛调研。此后，编制层深入到 12 个部门、5 个市县、3 个农业合作社、2 个工业园区、10 个重点企业，主要针对“十二五”时期存在的问题、“十三五”发展思路计划进行摸底。调研过程中各方还相互交换了意见。通过该前期调查研究，重庆市规划编制领导小组等对市情的发展基础、发展条件、发展问题等有了统一认识。更重要的是初期调研承载着传达上级意志功能、起到统一思想的重要作用，将各部门、各市县、规划起草组的思想统一到编制“十三五”规划这一重要任务上来，积极配合规划编制领导小组工作，这大大提高了后期规划编制效率。二是通过多次会议讨论解决分歧、引导共识。决策层主持座谈会听取下级地方政府、各部门对五年规划编制和相关重大问题的意见，同时，在前期重大问题研究、规划思路、规划建议、框架出台过程，发展改革委牵头汇总、研究下级地方政府、各部门的意见，对于争论较大的，议而不决的向决策层反映。通过多主体、多层次、多阶段、多轮互动的意见反映与意见听取，决策层将更有效地对规划基本思路、建议、纲要以及一些有争议性的问题拍板定案，从而达到规划编制过程中引导共识、解决分歧的效果。河南省在征求编制层内部讨论过程中，围绕着“发展定位如何更加符合省情实际，突出本省特色”，都提出了不同的修改意见，没有最后确定下来。进入规划编制后期，省委首次召集编制层成员进行研究讨论，提出自己的思路，认为“本省最大的优势是农业，这是目前和今后十年要巩固的，要取得突破的”。会后，决策层与编制层在该问题上达成了共识，此后编制层反复就农业、工业和旅游业发展情况展开调研。此外，关于本省“十三五”规划发展定位，也是省委召集会议，集思广益，并最后确定。省委通过知识水平、信息资源等影响引导共识，而且积极控制、引导“十三五”规划编制的力度和步骤，对编制做出灵活调整，提高了规划编制的科学性。

（二）编制层与咨询层的互动有助于提升规划编制质量

规划编制咨询层主要指专家、学者、企业等。五年规划编制过程中专家提供了第三方的、专业化的视角，为起草人员提供了思路启发，并对规划文本质量进行评估，利于五年规划的编制质量提升。企业参与五年规划编制过程座谈会，利于从市场角度提供五年规划的知识信息，为五年规划正确处理政府与市场的关系提供意见，形成“政府”与“市场”的共识，从而界定政府和市场的边界，提高五年规划操作性、科学性。编制层与咨询层的互动主要体现在以下几方面：一是成立规划专家委员会，例如重庆市“十二五”规划专家委员会设顾问 8 名、委员 30 名，其中主任 1 名。委员会成员分别来自市内外科研机构、高等院校、政府部门、社会团体和企业界；研究领域涵盖宏观政策、区域经济、产业发展、基础设施、生态环保等方面，具有较广泛的代表性，能从多个视角为规划编制层提供政策建议。二是重大问题委托研究与征求意见，例如重庆市专家委员会受市政府委托，负责组织全市“十二五”规划的咨询、论证、评估等工作。重庆市“十二五”总体规划（包括基本思路、市委建议和规划纲要）和 12 个重点专项规划在送审前，原则上也须经专家委员会专家论证通过。经过编制层与专家的互动，重庆市规划的编制质量得到提升。

二、决策层内部沟通能够升华共识，达成最终共识

省（区、市）决策权是由行政系统、党的系统、人大系统分享。

基本决策程序为：省域政府编制规划，党委决定重大事项，人大审议批准，根据不同阶段决策重要性不同，而有所区别。跟“一言堂”决策模式领导人不走程序不同，各个省份从编制过程到审议通过，严格按照程序推进，五年规划整个决策体现的不是个别领导人的观点，而是决策层的集体共识，这一共识又是对政府共识、专家共识、社会共识的提炼与概括，这些共识通过程序化的决策互动过程的保障得到有序反映、体现、凝聚。此外，由于根据程序化互动，所以一旦五年规划编制完成，说明决策层内部达成共识，就致力于五年规划的实施和实施评估，不会出现决策层内部的分裂与对立。应该说，决策层三大机构（党委、政府、人大）在五年规划决策过程中，各司其职，分头调研、集体学习、程序决策，极大地降低了治理成本，明显地降低了信息的不对称性、不确定性，大大提高了治理效率，极大地增强了各方面的激励相容，从而保证了决策层既能够达成政治共识，又能够保持政治团结，有利于最大程度实现决策层内部的共识，防止“一言堂”式个人专断，提高五年规划编制质量。

在编制层内部广泛征求意见后，最终能否形成共识有赖于省委常委会专题研究，该专题研究将从更高层面推动共识向更高阶段跃升，主要体现在民主决策，预防失误上。常委会委员代表不同的机构，同时存在信息知识的不完全性和权利的不对称性，但是常委会实行集体领导、平等决策、民主决策，充分分享信息、及时交流信息、坦诚交换信息，按民主程序多数决定形成政治决策，一是可以预防决策失误，二是能够及时纠正决策失误。① 比如，西部某省在确定“十三五”规划党委建议，召开常委会讨论修改稿之后，虽然将规划的指导思想、发展定位、空间布局等内容确定下来，但是在专题研究时，最终因为框架太散、操作性不强等原因未予通过。可以看到，决策层内部的沟通在有效避免决策失误基础上，能够升华共识，以达成最终规划编制的相关共识。

---

① 胡鞍钢，《中国集体领导体制》，中国人民大学出版社 2013 年版，第 137 页。

三、"央地互动"是省级规划编制中达成中央与地方政策共识的关键

一方面，中央作为引导层在五年规划编制过程中为了反映中央总体战略，维护全国一个调、一盘棋，与省域五年规划决策层进行"自上而下"的互动。第一，中央委员会制定的国家五年规划建议是地方制定五年规划建议的依据，例如中央的建议通过以后，地方党委专门召开了学习十七届五中全会的会议，要求以中央的精神指导地方建议和纲要编制，各地方党委的建议都在序言中开宗明义提出制定本文件的依据是"为了贯彻十七届五中全会精神"。第二，地方的五年规划需要和国家五年规划相衔接。特别是一些约束性指标的设定需以国家下达数为准，比如单位地区生产总值能耗降低、单位地区生产总值二氧化碳排放下降、单位地区生产总值用水量降低、主要污染物排放总量减少等。此外，其他一些指标也需要地方和部门将规划纲要上报国家发展改革委进行衔接。福建省 2010 年 12 月 23 日，为做好与国家"十二五"规划纲要主要指标的衔接，经福建省政府审定后，福建省"十二五"规划纲要上报国家发展改革委后于 2011 年 1 月初得到反馈，对于福建省原定人口增长率为 8‰，国家的目标是 7.2‰，反馈意见要求调低，福建省做了解释，并从 8‰，调成 7.8‰。体现了省级规划在编制过程中，需与中央相关规划决定达成一致。

另一方面，省域五年规划编制的决策层也需要对中央引导层进行自下而上的互动，既贯彻了中央精神，又能在互动过程中体现地方发展的个性化需求。第一，中央到地方调研时，地方决策层可以直接反映他们的实际要求和具体建议，同中央领导人就重大政策交换意见，有利于中央与地方之间形成政策共识。第二，地方也可以提出政策构想，在通过中央支持并肯定意见后，进行政策实践，并最终将该政策构想上升为国家五年规划。比如国家"十一五"规划提出："支持海峡西岸和其他台商投资相对集中地区的经济发展"，到 2009 年 5 月这一提法又进一步上升为"支持福建省加快建设海峡西岸经济区"。这是福

建省为了争取海峡西岸的发展，在中央引导层与省域五年规划决策层五年规划编制过程中，通过传达精神、目标衔接、交换意见等，与中央达成共识，不仅利于实现“中央—地方”利益均衡化，而且提高地方实施五年规划的积极性。

四、社会参与使得规划编制在更广范围内形成共识

规划编制中的社会参与是双向的，既有由规划编制层、决策层发起的意见征求活动，又有社会层面的主动发起的互动活动。这种双向型社会参与将伴随在五年规划的前期、中期和后期，并最终使得五年规划不断融合于客观实践，使得五年规划编制更加符合实际、符合客观规律。由规划编制层、决策层发起的意见征求活动主要包括“走出去”调研、“请进来”调研和“建言献策”式调研等形式。通过“走出去”直接到没有主动参与能力的社会群体中，通过眼见耳听获得第一手信息材料；“请进来”直接选取有代表性的社会成员参与五年规划编制过程；“建言献策”式调研集中民智，多种方式调研的结合，使决策层调研了解的实际情况更广泛、更接地气，更利于底层群众表达社会民生诉求，同时又汲取了民智，把群众的智慧融入五年规划的编制过程中，形成共识并在五年规划文本和政策制定中得到反映。例如，西部某省“十三五”规划初稿的形成，吸收了全省社会各界人士对规划的意见和建议。向退休老干部征求意见。发展改革委牵头组织退休老干部召开座谈会，大家针对减少土地供应指标、增加水库项目建设、旅游景区建设和环境保护关系等方面合计提出 127 条意见和建议，89 条被吸收。向社会组织征求意见。农业部门牵头组织农业合作社民间组织、社会团体、团委妇联工商联等进行座谈，大家对葡萄科学技术推广、化肥使用、农家乐发展、团组织发展等共提出 130 条建议，106 条被吸收。向基层群众征求意见。发展改革委和媒体牵头发起了“十三五”规划公众建言献策活动，群众通过电话、邮件、邮寄、微信等方式建言献策，共收到 356 条建议，274 条被吸收。这既体现出对社会群体的尊重，充分听取公众意见和需求，又能做到吸收民智，反映

民意。

由社会层面主动发起的互动主要体现为“政策游说式”互动和“公共平台式”互动。第一，“政策游说式”互动指五年规划编制过程中，也开始出现日益活跃的非政府管理组织的角色，它们利用各种资源积极表达政策诉求，形成政策压力。比如行业协会、民间组织等。第二，“公共平台式”互动，是指公众通过网络等公共平台来表达自己的意见，这些意见要构成影响，需要形成一定的舆论影响力，同时也需要决策者的开明。云南省昆明市在“十三五”规划编制期间，该市200万人关注参与了微博建言活动，在网络互动平台上，不少昆明市民提出了众多有意义的政策建议，其中有120余条被城市规划编制起草小组吸收。公共平台广泛活跃的讨论，形成了一个民意表达的舆论场，也成为起草者了解民意的重要来源之一。社会公众在五年规划编制过程中利益得到较为完整的表达，也成为决策层了解民意、吸取民意，在五年规划编制过程反映民意的前提。

五、分解规划实施责任，明确实施责任主体

五年发展规划的实施涉及各部门、各主体、各领域，需要将规划文本落实在具体工作上，在规划实施过程中，一要明确目标任务工作分工，做到措施具体、任务明确、重点突出、实现各项工作的细化、量化、具体化。经过目标责任层层细化、任务工作层层分配落实，才能使得规划实施有责任、有进度、见实效。二要强化领导责任和实施职责，将责任落实到部门和地区，特别注意把约束性的指标和政府要确保完成的重大目标任务进行层层分解，分解的目标任务和纲要提出的各项约束性指标纳入市政府的考核体系，建立并完善纲要目标任务落实的定期督查督办机制。① 2006年初，浙江省政府办公厅即以90号文印发了“十一五”规划纲要主要任务落实分解的方案，把纲要确定的主要目标、约束性指标、重点任务、重大项目等都分解落实到省级有关

① 杨庆育，《关于五年规划实施机制的探讨》，载《宏观经济研究》2006年第8期。

部门和各设区市，并建立相应的目标责任制，纳入省政府对各部门和各地方的考核。从浙江省执行的情况来看，总体进展非常理想。①

六、抓好重点任务落实，推动重大项目实施

与传统的五年计划相比，五年发展规划应以重大项目为载体推进规划的实施，必须树立以项目抓机遇、以项目促发展的观念，按照集中力量办大事的原则，组织实施一批战略性、前瞻性、全局性和带动性强的重大项目，② 通过对一些重大项目简化审批核准程序并优先保障规划选址、土地供应和融资安排，确保规划目标的实现。

从“九五”计划开始，浙江省就编制了与五年发展规划相配套的重大建设项目规划。“十一五”规划体系中，重大建设项目也是一个重点专项规划。其中确定了浙江省重点推进的大项目共 249 个，分为三个层次：一是“实施”层次，是务必按期完成的项目，共 205 项；二是“争取实施”层次，是创造条件也要上的项目，共 22 项；三是“探讨、预备”层次，属于需要开展机会研究和前期工作的项目，也是 22 项。规划主要涉及农林水利、能源设施、交通设施、信息化设施、生态环保、社会发展、城市基础设施和产业发展等八大领域，上述项目和政府的任期目标结合起来，滚动推进，规划实施成效明显。

重庆市也在建立重大项目库推动规划实施方面做了一些有益的探索。一是从“十五”初期，重庆市政府就确立了年度实施“双百”项目的原则，即每年安排 100 个重大在建项目和 100 个重大前期工作项目，随着市场经济的发展，将这些项目又分解为市场主导类项目和政府投资类项目，这些项目的确立并非仅凭发展改革委的决定，项目从提出到最终确立，都体现了相关部门和社会各界的共识。所以“十五”时期，重庆市的“双百”项目实施情况非常好，成为推动经济和社会发展的重要抓手。二是随着现代经济的发展，重大项目的策划着重遵

① 杨伟民，《发展规划的理论和实践》，清华大学出版社 2010 年版。

② 杨庆育，《关于五年规划实施机制的探讨》，载《宏观经济研究》2006 年第 8 期。

循现代经济的要求。如重庆市近年来重大项目的策划中，单个类项目少了，而反映产品链关系的重大项目多了，同时重大前期项目库也按照这一原则动态地充实、完善。三是加强规划与项目的紧密结合，重大项目及其产品链的设计要紧紧围绕规划目标和任务展开，充分体现“规划思想出项目、项目促规划思想”，坚持“规划管项目”的原则。重庆市政府目前基本确认凡纳入规划的重大项目优先审核和安排投资，成熟一个开工一个；凡未列入规划又确实需要建设的重大项目，应先调整规划后再建设。四是规划的重大项目必须按照发展的要求形成相应的实施机制。重庆市在“十一五”到“十三五”规划中都确立了数百个重大项目，为了确保这批项目的推进，对项目实行了分类管理的原则。①

七、健全相互衔接的规划体系，形成规划联动体系

完善国家规划体系，必须“形成以国民经济和社会发展总体规划为统领，以城市规划、土地利用规划和其他专项规划为支撑，各级各类规划定位清晰、功能互补、统一衔接的国家规划体系。”② 对于省级发展规划来说，同样需要形成功能分配合理的规划体系，年度计划可以充分体现规划年度实施重点，专项规划、区域规划则起到细化规划特定领域、区域目标任务的作用。此外，在规划实施过程中，更需要避免规划职能交叉重叠以及规划管理体制的不清晰。尽快破除部门意识，统一对规划内涵的认识，建立统一的规划体系，将各项相关规划纳入统一管理，是理顺各类规划之间关系、健全规划管理制度的根本基础。

2004 年 1 月浙江省政府印发 120 号文件，公布浙江省“十一五”规划编制体系目录，确定了一个总体规划纲要、四个区域规划——参与国家长三角区域规划，编制环杭州湾、温台沿海、金简丽地区的区域规划，还有 110 个专项规划的大体系，纳入了统一管理。2006 年 5

① 杨庆育，《关于五年规划实施机制的探讨》，载《宏观经济研究》2006 年第 8 期。

② 杨伟民，《发展规划的理论和实践》，清华大学出版社 2010 年版。

月底，浙江省发展改革委进一步下达了增补调整目录，增加了两项重点专项规划和14个主要专项规划。省政府下发了关于加强专项规划管理的通知，要求将专项规划的编制工作纳入年度计划，进一步健全了规划体系。①

重庆市在“十一五”时期也建立了完善统一的规划体系与统筹协调的规划管理机制。重庆的“十一五”规划除规划纲要外还包括区域规划和专项规划，按行政层级，包括省级规划和区县级规划。规划纲要是战略性、纲领性和综合性的文件，是规划的“龙头”，既对其他各级各类规划具有指导性的作用，也反映了重庆市“十一五”时期国民经济和社会发展的基本目标和重大方向，而专项规划则是对规划纲要的细化。重庆市目前根据重要性和薄弱环节，总共设计了27个重点专项规划。区域规划作为规划纲要的细化着重体现在目标任务的空间布局上，需要重点解决一定区域的功能定位和产业定位等，重庆市在“十一五”时期按照区域的分布、区域的经济发展水平以及区域发展的相关性，将辖区分为主城都市区、渝西经济区和三峡库区生态经济区进行区域规划，以此探索在一个相对大的行政区范围内对资源进行统筹配置的方式。同时，重庆下辖40个区县所编制的规划以规划纲要为依据，从地区的实际情况出发，特别是在个性特色上下功夫，在规划的层次上构建起了实施规划纲要的基础条件。与此同时，城市总体规划和国土总体规划也以规划纲要为基本制定依据，加强了与规划纲要的衔接。按照专项规划、区域规划服从总体规划，下级规划服从上级规划，专项规划之间相互协调的原则，建立起了全市统筹协调的规划工作机制。②

八、优化配置资源，激发市场主体活力

完成规划目标和任务主要依靠发挥市场配置资源的决定性作用，同时政府要有效引导社会资源、合理配置公共资源，保障规划有效实

① 杨伟民，《发展规划的理论和实践》，清华大学出版社2010年版。

② 杨庆育，《关于五年规划实施机制的探讨》，载《宏观经济研究》2006年第8期。

施。因此，首先要保证配置资源的分类性。对义务教育、公共卫生、社会保障、社会救助、促进就业、扶贫减贫、防灾减灾、公共安全、公共文化、精神文明等公共服务领域，以及市场不能有效配置资源又确需建设的领域（如难以市场化和产业化的基础设施），主要通过政府配置公共资源予以实施。对能够通过市场配置资源的领域，要发挥好市场的决定性作用，并通过政府引导，确保市场主体参与规划所明确的重点发展方向和领域的建设。政府通过制定和实施产业政策、地区政策、消费政策、投资政策等引导资源配置方向。其次要强化对公共资源的统筹配置。从我国的实际情况分析，政府目前还是举足轻重的投资主体，政府资源要取得良好的效益，必须变历史上的分割性配置为统筹配置，从而促进资源效益的最大化。

重庆市政府结合实际情况，在“十一五”时期对六大区域性中心城市的发展、渝东南少数民族地区的发展、三峡库区经济社会的发展等重大事项，通过建立引导资金或配套资金，发挥政府的导向作用，吸引和鼓励社会资本的投入。通过建立八大政府投资主体，重庆市充分发挥了政府在部分投资领域中的骨干作用，在“十一五”时期做好了市级财政性资金的统筹平衡。①

九、强化人大监督作用，完善监督考核机制

地方人大开展五年规划实施情况中期评估，是督促政府把实施中期的成效与问题展现出来，从而有利于提高规划实施成效。目前各地人大开展五年规划中期评估监督的主要做法，一是监督五年规划实施组织，多数地方由常委会副主任牵头，也有由常委会主任牵头，成立各相关委员会参加的监督审议或调研领导小组，如重庆市人大成立“十二五”规划中期评估调研组，常委会主任任组长、分工联系相关专委会的副主任任副组长。二是监督工作程序，跟踪政府评估进程，或是分专题进行调研，比如浙江省人大确立民政事业、重大项目、农业

① 杨庆育，《关于五年规划实施机制的探讨》，载《宏观经济研究》2006 年第 8 期。

经济等 7 个重点时开展调研或由常委会会议听取和审议，又如广东省人大不仅听取省政府关于规划中期评估及部分指标调整草案的报告，还听取人大财政经济委员会（以下简称人大财经委）关于中期评估及部分指标调整草案的审查报告。三是监督工作的成果，各地监督工作成果的形式各有不同，上海形成调研报告提交常委会会议作为审议参阅资料，天津市人大财经委汇总各方意见形成“关于评估报告的意见和建议”上会口头报告。四是评估报告的形式，有的地方评估报告与调整方案是分开的，如北京市政府除了评估报告，还向人大提交调整方案及其说明，人大财经委在“关于评估报告的意见和建议”中“建议同意”评估报告，“建议批准”调整方案。

从各省的人大监督实践来看，主要有以下几点经验：一是加强与政府部门的沟通是监督的基础，人大审议的对象是政府提出的评估报告，评估报告的质量影响审议质量。各地人大都非常重视与政府沟通，工作之初提出明确要求，期中又跟踪评估进程，其中遇到指标调整则沟通越加紧密。二是各委员会通力合作、代表参与是监督的保障。各地人大都成立了常委会领导挂帅的跨委员会领导小组，各委员会分头调研。为了保障代表知情权，各地人大重视吸收代表参与评估监督。如上海市人大在常委会审议前组织报告会，由发展改革委向全体代表通报评估情况。三是多种方式并举是监督的需要。规划涉及面广且专业性强，为此，各地人大除了采用听汇报、召开座谈会、考察重点项目等传统方式，还开展问卷调查、第三方评估、专家咨询和课题研究，有的还开展询问。如深圳市人大在网上征集市民对“十二五”规划实施情况的意见。四是抓住关键指标是监督的重点。各地人大对评估报告的审议通常聚焦在经济转型、民生保障和生态文明等内容上，尤其是约束性指标，对预期性指标完成进度则强化对政府责任的要求。如广东省人大审议时对保障安居工程建设指标的进展、实际需求和指标的科学性等热烈讨论，最终通过了调低指标的决议。①

① 吴祖强，《地方人大监督规划实施的做法与思考》，载《上海人大月刊》2013 年第 12 期。

十、强化实施监测评估，完善评估机制

强化规划的监测评估是确保规划纲要落实的重要措施。建立纲要实施的中期评估和后评估制度可以对规划实施情况进行跟踪分析。对一些经济社会发展指标，尤其是对约束性指标进行适时监测，对经济社会发展政策和重大项目进行效应评估更是可以清晰把握规划实施的成效。在纲要实施的中期和规划末期，应形成全面的实施评估报告，针对执行中的问题研究提出对策措施和解决方案，适时出台调控政策。同时，规划绩效的反馈评估可以在宏观环境发生不可预见的重大变化或由于其他原因导致实际经济社会发展严重偏离规划目标时，根据规划的绩效反馈评估结果，快速有力地进行适时调整。

2008 年浙江省已经对“十一五”规划纲要进行中期评估，并向省人大常委会做出汇报。除了重点要对纲要的执行情况进行评估以外，浙江省还选择了重大项目、社会发展、科技强省和环境保护四个重点专项规划组织进行评估。浙江省的规划评估工作为规划的实施落实起到了良好的纠偏与推进作用。

本章小结：省级五年规划涉及各种利益主体、利益关系，面临诸多博弈。因此，在规划制定和实施过程中，应着重处理好规划与长远发展的关系。立足当前、放眼长远，要坚持底线思维、天花板思维和红线思维，努力提高区域发展的协调性和持续性。处理好规划指标和重大专项预期的关系。省级发展规划指标数量应该适度，注重把握预期性指标和约束性指标配比。约束性指标过多会导致经济运行体制机制僵化，约束性指标过少则会导致规划调控功能不足。高质量的经济发展是实现约束性指标前提下预期性指标保持健康快速的发展。处理好规划目标与空间规划保障的关系。省级发展规划是统领性规划，空间规划必须要对省级五年规划中的重大目标、重大工程项目等重大领域的指标提供相应支撑保障作用，规划目标应立足空间承载能力进行合理设定。处

理好规划制定实施与监督的关系。省级五年规划编制要始终坚持科学性、民主性，确保规划本身具备较强的公信力和指导力。在制定实施过程中，必须紧跟中央决策部署，充分体现新发展理念，加强宏观调控，进一步完善专家论证和公众参与制度，完善规划决策体制和制度，建立重大问题的政策研究机构、专家论证制度、重大建设项目公示和听证制度，提高决策的科学性，以确保各项建设和规划保持一致。各地在编制五年规划与规划实施上形成了许多有借鉴意义的经验，主要体现在决策层、咨询层、编制层的互动共识；社会广泛参与决策层内部沟通升华共识；始终保持“央地互动”维护全国一盘棋；贯彻中央精神也体现地方发展的个性化等。当然也同时存在不足与问题。

第四章　省级五年规划特征和实现分析

中国特色社会主义市场经济体制既需要市场这只“看不见的手”在资源配置中起决定性作用，也需要政府这只“看得见的手”更好地发挥宏观调控的作用。发展规划就是“看得见的手”的最好工具。对于省级五年规划而言，具有“承上启下”、坚持党的领导、人民当家作主和依法治国的统一等多重特点。

第一节　“承上”——坚持党的领导和依法治国

一、“承上”全面贯彻国家规划要求

中国的五年规划可以说是中国经济社会发展的“指南针”，是引导各项具体经济、社会政策的纲领。而各省的五年规划是国家五年规划体系的组成元素，因此国家五年规划在各省五年发展规划的支撑下具有高度的“统一性”，我们称为“全国一盘棋”。从这个意义上看，省级规划与国家规划的关系首先体现出一种“承上”的关系，即国家的五年规划提出了全局性的目标框架，而各省的五年发展规划则以国家规划为蓝本，以各省实际特殊情况为基础，设计各自的五年期任务目标，以支撑国家五年规划的最终实现。从我国的政体出发，省级五年规划“承上”国家五年规划，也正是坚持党的领导和依法治国的表现。因为国家五年规划编制的历史演变与新中国若干重大经济决策息息相关，体现着几代国家领导人对中国决策民主制度的不懈探索持续深化，到今天，国家五年规划已经毫无悬念地体现了中国共产党的领导和依法治国的要求，这不仅仅是因为它依据党中央的建议并严格按照程序

编制，最后经全国人民代表大会审议通过，更为重要的是，在每一个相对漫长的过程中，国家五年规划始终是在党中央的领导下，按照法定的程序进行的。许多人认为国家五年规划的出台过程颇为神秘，媒体也热衷于探听内幕，其实今天的国家五年规划决策机制的完善和信息的披露已经有章可循，形成了法定公开程序和透明的决策模式。正是从这样的意义上，我们将各省五年规划的“承上”从本质上理解为事实上体现了党的领导和依法治国的要求。五年规划尽管不属于任何政策子系统，但却能更好地反映中国政治系统整体的运行动力。与此同时，国家五年规划在设计上已经充分考虑了各省、自治区、直辖市规划设计意愿。一般而言，在制定规划时，中央会根据国家整体发展战略、目标和全体公民福祉的最高价值，对地方政府的规划提出适当的要求，做出宏观的“指导性”建议供地方参考。从“十三五”规划内容可见，中央政府在不同的领域、方向上对国家未来五年经济社会发展进行了总体性规划建议，但并不涉及具体发展事项。比如“十三五”规划第二篇“实施创新驱动发展战略”，中央政府从“科技创新”“双创”“体制机制建设”“人才战略”“发展空间拓展”五个方面做出宏观安排，并为各省、自治区、直辖市政府具体设计的落实留下了充足的空间。除了给省级政府以指导性建议供参考外，中央政府在发展规划设计制定上也提供了具体的政策支持。比如第九章“实施人才优先发展战略”中，具体提供了包括“创新人才推进计划”等六项“重大人才工程”为省级政府的发展规划设计做支持，这是尊重地方的具体表现。

中央充分尊重地方、支持地方，地方省级发展规划作为国家规划的子系统就必须“承上”，从三个方面服从中央“指导”。其一，服从国家发展规划的大战略，这就明确了省级政府发展规划的定位是国家发展大战略框架内“规定动作”和“自选动作”的结合，“规定动作”不能少，“自选动作”不能“出格”；其二，服从国家规划设定的国家级发展目标，这也体现了省级规划是国家规划目标体系的“分目标”，具备更具体的操作性；其三，遵从全民福祉而非某一省人民福祉的根本价值取向，这就要求各省以“全国一盘棋”的思维，以国家发展规划为蓝本，做好地区利益与全民利益的调节融合，使地方利益符合全民利益。

二、“承上”的具体体现

从中国发展的实践来看，已经形成了一套发展规划的逻辑，即理念—规划（指标）—行动—措施。制度构建理念先行，各省对国家发展理念的理解直接影响到省级以下各级政府对发展理念的理解，进而影响各级政府规划（指标）、行动和具体措施的执行落实。同时，省级政府作为国家规划指标的具体承担者，其自身指标的合理设定既体现出对国家指标的落实也直接影响下级政府的指标分解与承接，因此，各省对国家发展理念的理解和对规划指标的理性设置都起到“承上”的关键性作用，各省不能有绩效冲动和指标加码的非理性行为。

（一）理念的“承上”

从国情来看，中国是“一体多元”的超级社会，在世界上既是人口大国，也是地理大国，还是世界第二大经济体、第一大贸易体。但是中国地区发展的多样性、不平衡性和差异性十分显著，无论是人均GDP指标还是人均居民收入指标，虽然相对差距呈现下降趋势，但是仍属于差异大的国家之一。同时，中国又是世界上唯一的五级政府层次的国家，客观上存在中央与地方之间的三个不对称性：信息不对称、权力不对称、责任不对称。因此，要求充分发挥中央与地方“两个积极性”，需要有效的制度安排，实现三方面结合：一是国家统一性与地方多样性结合；二是中央集中性与地方分散性结合；三是全国重大决策原则性与地方创新灵活性结合。因此，国家五年规划是由中央政府提出统一性、集中性、原则性的理念意图，各省级政府根据中央意图具体制定本级指标落实中央意图。各省级五年规划的制定与国家五年规划制定的理念相容性、目标一致性、指标耦合度和发展任务匹配性可反映出各省对中央理念的贯彻程度。同时，各省发展理念也直接指导省级以下地方的发展理念。因此，各省对国家发展理念的理解程度至关重要，起到承上启下的关键性作用。

通过对“十五”计划至“十二五”规划的实证分析发现，中央与地方发展观念的相容性、发展目标一致性、发展指标耦合性、发展任务匹配性越来越高，反映了地方政府全面贯彻中央发展理念的程度不断提高。从“十三五”规划的分析来看，地方理念与中央越接近的地区，指标设定的契合度与中央越高，其指标实施的完成情况也越好。此外，国家五年规划中所提出的约束性指标，基本上在地方规划中充分体现并正在成为真正的硬约束。党的十八届五中全会提出了五大发展理念，新发展理念是对中国发展实践的理论总结，是对中国发展规律的深刻认识。党的十八大以来，我们党坚持以马克思列宁主义、毛泽东思想、邓小平理论、“三个代表”重要思想、科学发展观为指导，坚持解放思想、实事求是、与时俱进、求真务实，坚持辩证唯物主义和历史唯物主义，紧密结合新的时代条件和实践要求，以全新的视野深化对共产党执政规律、社会主义建设规律、人类社会发展规律的认识，进行艰辛理论探索，取得重大理论创新成果，形成了习近平新时代中国特色社会主义思想。这是我们党的行动指南，马克思主义中国化最新成果，是党和人民实践经验和集体智慧的结晶，是中国特色社会主义理论体系的重要组成部分，是全党全国人民为实现中华民族伟大复兴而奋斗的行动指南。我们要调动群众积极性、基层积极性、地方积极性乃至全国积极性，从而形成理念相容，目标相容，动机相容，最终到行动相容。充分发挥省级政府规划的“承上”的关键性作用，应当高度重视省级官员对发展理念的全面性和系统性认识，尤其是对主要领导人，应当重点加强发展理念的学习与教育。理念和思想上的改变，恰恰是科学发展的先决条件。

（二）指标的“承上”

改革开放以来，我国将五年规划的制定权和实施权高度下放的同时，保持了上级对地方的有效政治引导，上级和下级的目标（指标）逐步趋于相容。事实上，五年规划的制定和实施过程也是一个国家治理能力不断学习和提高的过程，这个过程不仅反映了我国中央与地方两种治理机制的有效结合所具备的独特优势，也反映了我国地方政府治理能力的学习和改善过程。当前的规划指标主要有“约束性指标”和“预期性指标”两大类。约束性指标可有效倒逼地方政府落实目标完成任务。预期性指标则可合理引导地方政府进行区域内远景规划，合理预留出发挥本地区执行能动性的空间。在规划中约束性指标这一制度创新已经成为我国中央与地方关系的重要制度安排，这一创新的成功之处在于契合了中国作为幅员辽阔地区差异较大的“一体多元”超大型国家基本国情，约束性指标一方面赋予了各省较大的自由度，契合了当前中国“事权下放”的改革要求，从而极大降低了中央在处理具体事务中出现信息不对称问题的概率，另一方面约束性指标通过将目标绩效考核与责任挂钩，在“事权下放”的同时又赋予了中央在权力运行中的控制抓手，进而构建了一套行之有效的国家治理能力体系。

省级五年规划通过制定预期性指标为私人产品的供给方提供预期的宏观经济信号，达成政策共识，从而“熨平”市场波动，大幅减少私人产品供给的市场盲目性，同时达成宏观调控的预期目标。约束性指标是保基本，是底线指标，而预期性指标是在保基本的基础上让各省级政府实现合理的宏观调控。改革开放以来，地方目标函数和中央目标函数总体上趋于相互匹配。“六五”计划地方与中央一致的指标比例达到 64.7%，到“八五”计划上升到 77.9%，“九五”计划这一比例下降到 43.2%，“十五”计划以后再度上升，到“十一五”规划，指标一致性比例上升到 83.2%，达到改革开放以来的最高值，“十二五”规划这一比例为 74.9%。

（三）目标执行的“承上”

目标执行是五年规划最终能否得以实现的最重要因素之一，指标的执行情况也是各级地方政府治理能力和发展理念落实的最直接标准。各省级指标的执行更决定了国家五年规划目标能否如期实现。各省还承担着对下级政府指标的考核，其考核情况直接约束着各级政府指标的完成度。从实际情况看，2017 年五年规划执行情况中，民生福祉目标执行情况优于经济发展目标执行情况，按优劣排位，分别是东部、西部、中部、东北。在发展理念保障措施的有效性认识方面，中央和地方官员存在显著差异。中央官员认为对五大发展理念的最有效保障措施是增加绩效考核比重和增强中央地方政策协调，其中除了绿色发展将增强中央与地方政策协调差异列为首位之外，其他均为增加绩效考核比重。而地方官员则认为保障创新发展的首要措施是增加资金支持，保障协调发展的首要措施是增强中央与地方政策协调，保障绿色发展的首要措施是增加绩效考核比重，保障开放发展的首要措施是增强中央意图宣传，保障共享发展的首要措施是增强中央与地方政策协调。这些差异说明，落实保障五大发展制度措施实施方面，中央官员仍然偏向绩效考核的方式，通过考评施压确保制度落实。而地方官员因为面对具体问题更多，因此对不同发展理念可以提出不同的针对性措施，以此保障发展理念的落实。自“十一五”规划起，中央政府在制定五年规划时已经开始注意“去指导化”，将延续十个“五年”的“计划”改为“规划”，转变了政府在国民经济和社会发展中的作用地位。这种“去指导化”主要体现在政府与社会、政府与市场相互关系的调整，如《中共中央关于制定国民经济和社会发展第十三个五年规划的建议》中提到“推进国家治理体系和治理能力现代化的总目标，健全使市场在资源配置中起决定性作用和更好发挥政府作用的制度体系”①。党的十八届三中全会调整了中央与地方在制定各级经济社会发展规划工作中的关系，适度增加了地方制定规划时的“灵活性”。这种“灵活性”实际上反映了各省发展规划在制定中必须体现的地区特殊性，这些特殊性所反映的更多是规划的设计“依据”。一方面，从上下关系看，省级发展规划的设计必须依据中央政府制定的发展规划以及下级地方的发展潜力和能力；另一方面，从历史时期看，省级发展规划的设计还必须依据本省已完成规划具体情况，分析本省发展能力和潜力，设定未来五年或更长远的奋斗目标。因此，省级发展规划的

① 《中共中央关于制定国民经济和社会发展第十三个五年规划的建议》，人民出版社 2015 年版，第 5-6 页。

“灵活性”是相对于上级中央政府的，各省发展规划因“依据”不同而使部分内容、框架、目标、策略都可以不尽相同。

第二节 “启下”——引领地市经济社会发展，充分授予自主权利

一、“启下”体现本省特征并指导区域发展

总体来看，省级发展规划与省内各级发展规划的关系同国家发展规划与省级发展规划的关系是类似的。省级发展规划相对于国家发展规划设计所要发挥的“灵活性”在下级政府看来就是“统一性”。因此所谓“启下”，一方面，省级政府必须服从的“承上”战略方向选择、总体发展目标和根本价值取向，省内各级政府在设计自身发展规划时也必须服从，这就是“规定动作”，更多表现为下级政府在发展规划中的战略性上；另一方面，各省要给下级政府留有“自选动作”空间，除了从全省角度以及区域性要求必须由下级政府在规划时限内落实的以外，在具体规划措施和项目上则给予地方充分的自主权。这仍然是由我国省情决定的。我国绝大多数省的面积都比世界上的中小国家大，省域的差异也很大，需要从实际出发制定规划。“启下”还包含着指导，各省对所属地市规划的编制不能以“授予自主权”为由而放任，相对于国家而言，各省是“全国一盘棋”上的一颗棋子，正是全国31颗棋子的协调行动，构成了全国的实施规划行为，显示了强大的力量。每颗棋子在棋盘上都有自己的职责，如果在这个意义上不能形成全省的统一，就不可能完成相对于全国意义上的职责。我国部分省以下的规划由于省级的放任自流，存在两个明显的问题，首先，规划是引领发展的龙头，但部分五年规划滞后于实践、滞后于专项规划、滞后于基层规划，形成发展的混乱无序、粗放低效，造成规划实施的短期行为，有利于显现成绩的就做，从长远战略出发的事却不一定做。其次是“各自为政”的现象比较严重，地市之间“各自为政”，表现为“部

门权力规划化”，将五年规划搁置一边，将编制规划演变为自拉自唱、自我循环，难以形成有效运作的规划体系。还表现为“地市权力规划化”，不顾全省一盘棋，将五年规划编制演变为“自我出发、自我编制、自我评审、自我实施”。这种现象体现出地市缺位越位、法律定位不清、省市关系紊乱，结果难以形成全省的综合实力。所以，省区市对地市充分授权是遵循从实际出发的原则，而对地市进行指导是遵循统筹协调的原则，二者的结合，正是“启下”的关键所在。

二、“启下”充分体现了人民当家作主的理念

毛泽东同志很早就指出：“没有民主，就不可能正确地总结经验。没有民主，意见不是从群众中来，就不可能制定出好的路线、方针、政策和办法。”① 党的十九大再次强调了人民当家作主，坚持以人民为中心，人民是历史的创造者，是决定党和国家前途命运的根本力量。必须坚持人民主体地位，坚持立党为公、执政为民，践行全心全意为人民服务的根本宗旨，把党的群众路线贯彻到治国理政全部活动之中，把人民对美好生活的向往作为奋斗目标，依靠人民创造历史伟业。我国各级五年规划是治国理政的主要形式，五年规划要体现人民当家作主，就必须认真听取广大人民群众的意见和建议，形成先民主、后集中，从群众中来、到群众中去的规划工作方针。“启下”正是这一方针的具体体现，“启下”完善了重大决策的规则和程序，通过省及省以下的党政机构，以多种渠道和形式广泛集中民智民意，使五年规划真正建立在科学、民主和民意的基础之上。尤其是对规划中与人民群众利益密切相关的重大事项，实行广泛的公示、听证等制度，最大限度地确保广大人民群众对五年规划编制的参与度。正是这种“从群众中来”的基础，创造了“到群众中去”的条件，人民群众积极参与五年规划实践，从而激发起规划实现的社会基础。这个过程，集中体现了我国各级五年规划是人民当家作主的成果。

① 《毛泽东文集》第8卷，人民出版社1999年版，第293-294页。

三、"启下"也存在理念与指标和目标的协调

首先，在理念上，必须保持各级政府的高度一致性，如果各省对国家发展理念的理解出现了偏差，则直接影响到地市县各级政府规划发展的理念，在这个问题上，各省负有高度的责任。但是，高度一致性并非代表地市的发展理念就是一字不差地照搬中央和本省的版本，而是在最基本的发展理念上保持一致，在此基础上，需要结合各地市的实际情况明确反映本地特色的具体发展理念。比如经济发达地区和贫困地区在发展理念上就有所区别，前者应该重点突出发展的质量、效益、结构和现代化经济体系的建立；后者应该重点突出精准脱贫以及相应的时间表，同时也要兼顾发展。地市的发展理念需要真正把本地区最重要的问题找出来，因此要按照毛泽东同志所说的，创造一种"又有集中又有民主，又有纪律又有自由，又有统一意志、又有个人心情舒畅、生动活泼，那样一种政治局面"。① 根据中央决策过程的原理，地市级重大问题的决策也应该是"集思广益"的过程，就是指通过一定的程序和机制，充分吸收代表不同观点的意见和建议，不断优化规划文本的决策过程。"集思广益"的过程实际上就是分散的信息不断被集成的过程，这也是将公众的"分散无系统的"意见转化为"集中系统的意见"的过程，具体的形式就是通过征求意见进行"集思广益"决策，让千千万万个大脑帮助决策者和起草者挑错，从各个角度对规划草案进行把关，这也是检验规划草案多大程度反映集体共识、多大程度具有科学性的一种方式。规划草案形成"送审稿"后就进入集体议决的过程，这个过程是决策者达成共识的过程，也是内部集中集体智慧的过程。

其次，目标和指标是"启下"指导中的重要内容，各省在国家规划的目标和指标引领下，根据本省实际情况进行目标确定和指标设置，省级层面的目标和指标将直接影响到省级以下各地市的目标和指标设

① 《毛泽东文集》第 8 卷，人民出版社 1999 年版，第 291 页。

置。我国以往编制五年规划有层层加码的机制，如果各省存在绩效冲动，制定了不符合本地实际的目标和指标，在“跟风”的背景下，就会引发省以下政府在规划中“大跃进”式的发展冲动，势必破坏全省规划的“一盘棋”。如果这样的情况在多个省出现，就必然殃及全国“一盘棋”。中国地域广大，省情各异，的确不能整齐划一，但是，发展的原则性问题是有共性的，如提质增效、结构优化、创新动力、去过剩产能等，不能打着所谓“地方特色”的旗号，违反上述基本原则，继续在目标和指标上搞大干快上、层层加码。这是新时期发展方式转型中必须坚持的“启下”原则。

第三节　战略性与操作性并存

一、各省经济社会的长远发展要求规划具有战略性

规划必须从“大处着眼”，从宏观上确定发展方向，才具有指导发展的意义，才能发挥“看不见的手”的宏观调控作用。在我国的宏观调控体系中，省级五年规划发挥着不可或缺的战略导向作用，尤其“十三五”规划强调更加注重健全宏观调控体系、创新宏观调控方式、增强宏观政策协同性。以规划为导向的宏观调控体系进一步明确化，强调完善以财政政策、货币政策为主，产业政策、区域政策、投资政策、消费政策、价格政策协调配合的政策体系，增强财政政策和货币政策之间的协调性，从而有效发挥五年规划和年度宏观调控目标的合力。从政策手段上来看，省级五年规划同样通过财政政策、土地政策和货币政策实现宏观调控的目标。这正是五年规划发挥导向作用、年度宏观调控目标予以落实的最佳结合，充分发挥了政府与市场、中央与地方、五年规划和年度目标三组合力的作用，从而实现宏观调控的目标。

省级五年规划仍然要统筹较为广阔的地域内不同的发展状况，呈现战略性特征。即便是在直辖市这样相对其他省较小的地域内，仍然

面临复杂的发展状况。如重庆，2017 年占全市人口 60%、面积 30% 的西部工业增加值占全市比重为 80%以上。① 很显然，广大渝东地区的生态优先就构成了重庆极大的区域差异。由此可见，各省均需要在不同程度上根据独特的省情制定符合自身利益的发展战略。国家发展规划基于全国国情提出整体性的发展理念、发展目标和发展路线，但各省有不同的资源禀赋，处在不同的发展阶段，因此，省级五年规划在国家发展规划的基础上做出适应本省省情的战略调整是必要的。也就是说，各省具体战略并不一定要求照搬国家提出的战略。笔者曾经与东部某省的省委书记讨论转型问题，笔者问书记，党提出增长发展方式转变是从十六大就开始的，为什么贵省一直到十八大以后才真正开始转型呢？书记回答非常明确，因为没有订单了。这个例子不仅说明地方的转型某种程度上是被市场倒逼的被动转型，也说明各省基于本省省情和经济发展阶段制定的发展战略在一定程度上与中央的战略存在差异。但是，基于省情的战略依然要按照中央战略的要求立足于长远的可持续性，决不能大面积地出现"没有订单"才考虑转型的情况。

二、规划的实施成效要求规划具有可操作性

省级五年规划是充分体现抓落实、可操作的规划。不论是在中央还是地方，规划重点项目和落实重点项目是推进五年规划的重要方法。中国的五年规划是举全国之力办全国大事，突出表现为每个规划都提出了国家重大工程和项目。例如"十一五"规划提出了 15 类、132 个重大项目；"十二五"规划提出了 20 类、142 个重大项目；"十三五"规划更是提出了 23 类、165 个重大项目，涉及科技创新、各类基础设施和平台建设、民生福祉、人力资本投资、生态建设与环境保护等多个领域。贵州"十三五"规划同样将项目与目标紧密结合。就建设综合交通枢纽目标而言，在铁路方面就提出了 9 个续建建成重大项目、

---

① 资料来源：《2018 年重庆市统计年鉴》。

12 个新开工及前期工作项目、6 个研究论证项目。①

专项规划是将综合性五年规划按领域细化的发展规划，是五年规划可操作性的重要体现。贵州在“十三五”综合规划外，还制订了铁路航空建设、现代商贸服务业、大数据产业建设、脱贫攻坚等 9 个专项规划。专项规划详细论述了该领域的现状、思路和目标。以现代商贸服务业为例，在综合规划中仅用不到 400 字论述了促进该领域提档升级的发展方向，而作为专项发展规划，其篇幅超过了 3 万字。

省级五年规划的实施和国家规划纲要一样，是通过年度分解，细化发展目标来完成的。五年规划的实施与年度计划紧密结合，年度计划是五年规划的分步实施计划，并按年度实施评估。年度评估以评估促进建设，以短期实施结果及时发现五年规划落实过程中存在的问题，不仅可以促进地方政府推进工作，也可调整规划不合理之处，预防潜在风险，及时跟进存在的问题进行分析纠正，避免“事后诸葛亮”现象。总体而言，省级五年规划兼具战略性和操作性，是宏观调控的重要抓手，也通过重大项目直接落实微观经济发展。可以说，省级五年规划是中央和基层、宏观市场和微观市场之间的桥梁。

第四节　稳定性与灵活性的兼容

一、宏观经济和社会发展大局要求规划具有稳定性

国家发展规划核心是提出我国未来五年或更长时间内的总体性发展目标，重点着眼于宏观经济和社会发展的重大问题，因此中央政府制定国家发展规划时最重要的责任即是把握经济社会的“行船方向”，也就是公共行政理论中常常强调的“掌舵”。既然是“掌舵”，那么就不能朝令夕改，必须保持一定的稳定性。否则，过频或过度的改弦更张，其危害也许不仅仅是方向不定、行船颠簸，更有可能造成路线被

① 资料来源：相应年份的国家和贵州省五年规划纲要。

否定的政治问题，这是绝对不允许的。

如果说国家发展规划负责“掌舵”以指明方向，那么省级发展规划则负责“划桨”① 以解决动力问题，二者并不冲突，大方向保持一致而施力点不同而已。可以说，省级发展规划核心是提出一个省、市、自治区五年或更长时间内社会经济发展目标体系，依照目标管理的逻辑，这些省级发展规划目标就是实现国家发展规划总体性目标的“工具箱”。比如，国务院在编制成熟的国家五年期发展规划后，再针对具体重点任务、总体目标进行分工，指定国务院各部委和直属机构总体负责，这就形成了各个领域、各个行业的发展规划目标体系和执行体系。在这个基础上，各省级政府在制定本省、市、自治区的发展规划时，必须以国家的五年期发展规划为核心，同时对不同领域、不同行业而言，也经过了对各种《通知》的学习、吸收、借鉴。因此，对于国家发展规划中较为宏观的总体性布局，省级的发展规划必然有所体现，同时国家各领域、各行业的具体发展规划也会对省级该领域、该行业的规划制定有明确指导意义，省级政府在本省发展总规划中要依照地方情况对国家发展总体目标进行分解，同时在不同领域发展规划制定中也要学习国家该领域规划的精神，对总体目标做分解。因此，从这个意义上说，参照国家发展规划的指导性、长期性和稳定性，省级发展规划也具有高度的稳定性。

二、具体发展的阶段性特征要求规划具有灵活性

对于“划桨”而言，完全服从“掌舵”的方向指引而忽略具体实际问题也是不行的。因此，省级发展规划在国家发展规划指导下自成体系，形成了“主要目标＋细化目标”的目标系统。在实践中，各省在制定年度国民经济和社会发展各项指标时大体分为两个层次，主要体现在两个报告之中。一是各省《政府工作报告》所提出的年度国民经济和社会发展的主要目标；二是各省发展改革委历年关于前一年国

① 仅为类比，相对于国家发展规划而言，省级发展规划可谓之为“划桨”。

民经济和社会发展计划执行情况与新一年计划草案的报告，例如《关于2017年国民经济和社会发展计划执行情况与2018年国民经济和社会发展计划草案的报告》中所提出的更加详细的目标和指标。前者是后者的指导，后者是前者的细化。由于省级发展规划体系也有着“承前启后”的作用，因此面对不同的历史发展背景、当前功能定位和未来发展方向，不同的省、市、自治区有不同的发展任务目标。所以，在不同发展阶段，省级发展规划需要灵活性，以适应历史客观发展规律。如各省的年度计划执行情况与新一年计划草案，就体现了省级发展规划在国家发展规划的大框架内具有一定的灵活性，这种灵活性是基于客观实在的，基于历史发展基础的，而非绝对的自由选择。

总之，稳定性和灵活性二者兼具，实际突出了省级发展规划协调短期和长期两大目标的根本目的。从某种意义上讲，制定五年规划的根本目的就是协调短期发展实践符合长期发展方向和目标。为此，年度宏观调控目标一定要服务于“发展战略和远景目标”，至少要以五年规划纲要所确定的主要目标为导向，力求“年度宏观调控目标和发展目标”与“五年规划目标”形成内在的一致性、连续性。必要时，可以将五年规划的核心目标和约束性指标分解到各年度，作为制定年度宏观调控目标和发展目标的基本依据。当然，只是作为基本依据，年度宏观调控目标的确定也不能僵化，应当具有相机抉择、灵活调整的机制，为如期确保全面完成五年规划目标创造条件、奠定基础。

第五节　规划实现的系统因素分析

一、五年规划完成的整体情况

（一）总体指标完成率分析

我国省级五年规划实施整体上完成率较高，并且呈现逐渐改善的趋势。但五年规划完成情况在中央和地方、不同类型指标之间存在差异。首先分析省级五年规划指标整体的完成情况。由表4-1可以看出，除了2006和2007年两年以外，其他13个年份中，都有部分指标的完成率出现大幅度的跳跃。其实，从计划学的角度，超出计划和没有完成计划，都属于计划执行的差异，超过部分为正误差，未完成部分为负误差。但长期以来，人们都习惯于接受超计划完成，而对未完成计划则予以批评。

表4-1　全国总体指标数据描述（2001—2015年）

年份	均值	最大值	最小值	方差
2001	0.262	3.078	−4.273	0.677
2002	0.075	3.078	−4.273	0.696
2003	0.099	3.078	−4.273	0.749
2004	0.113	3.078	−4.273	0.819
2005	0.102	3.078	−4.273	1.052
2006	0.285	3.000	−4.273	0.310
2007	0.259	2.000	−1.714	0.096
2008	0.268	3.078	−1.786	0.186
2009	0.257	3.078	−1.780	0.157
2010	0.254	3.078	−4.273	0.449
2011	0.296	3.078	−4.273	0.501
2012	0.261	3.078	−1.311	0.121
2013	0.249	3.078	−1.546	0.148
2014	0.212	3.078	−2.234	0.131
2015	0.237	3.078	−4.273	0.252

资料来源：根据相应年份国家统计年鉴测算。

从图4-1可以更加直观地发现以下两个明显特征：

1. 从全体指标完成率上看，总体呈显著提升趋势，其中，“十五”（2001—2005年）完成率最低，“十二五”（2011—2015年）完成率其次，“十一五”（2006—2010年）完成率最高。当然，按照20%的标准线来看，“十五”的年均完成率只有13%，完成率大大低于此标准，而“十一五”的年均完成率则达到26.5%，远远超出此标准。从“十二五”开始，每年完成率呈“回稳”态势，慢慢接近20%的标准线。

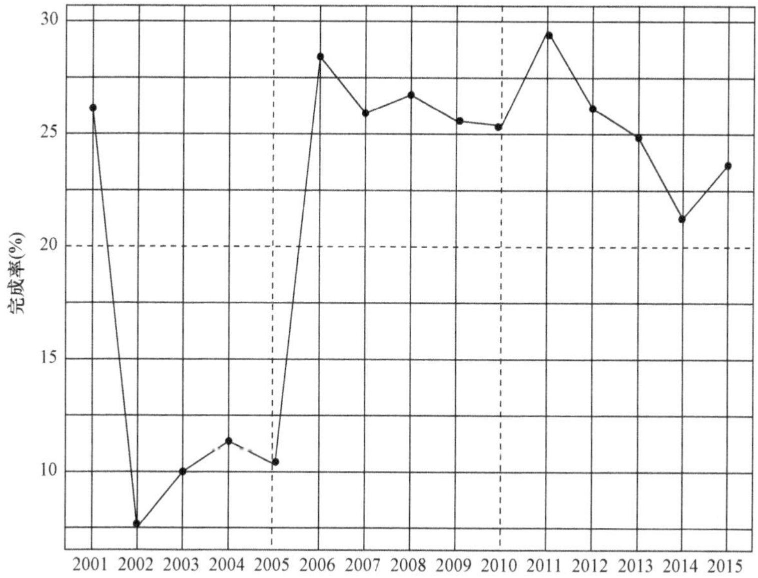

图 4-1　全国总体指标完成率（2001—2015 年）

2. 在“十五”“十一五”和“十二五”三个规划（计划）的开局之年——2001 年、2006 年和 2011 年，三个年份的当年指标完成率都呈现出超高状况，均超过了 25%，随后才逐渐下降。换句话说，2001—2015 年的三个规划（计划）执行中，当年完成率的最高峰均出现在了规划（计划）的起始年份。这形象地反映了在五年规划和政治周期中，地方政府在政策执行最初阶段的“踩油门、加马力”现象。

（二）中央和省级五年规划的完成情况呈现差异

通过图 4-2 和表 4-2 可以清晰地发现，中央指标与地方指标的完成情况基本上呈对称趋势，显现“此消彼长”现象。在 2001—2010 年、“十五”至“十一五”期间，绝大部分年份都是地方指标的完成状况优于中央指标的完成状况，而从 2011 年“十二五”规划开始，中央指标的完成略微优于地方指标的完成，反映了地方政府开始重视中央设立的统一指标，并且逐步提升中央指标的完成率。

另外，从“十五”计划到“十二五”规划的 15 年间，中央指标与地方指标的完成率出现明显的趋同现象，由“十五”期间最大的差值 42.1%（2005 年），缩小至“十二五”期间最小的差值 1%左右（2012

年），并且在整体上二者波动减小，均在 20%标准线附近。这反映了地方政府在目前阶段已经开始把两类指标放在同等重要地位，既注重中央制定的统一宏观发展规划方向的指标，又注重地方自主设立的富有地方发展特色的规划指标，当然还存在一定的中央指标完成率大于地方指标完成率的情况，这就要求地方政府在完成中央与地方两类指标时，更加注意对应资源的比例分配，确保二者能同质同量地高效完成。

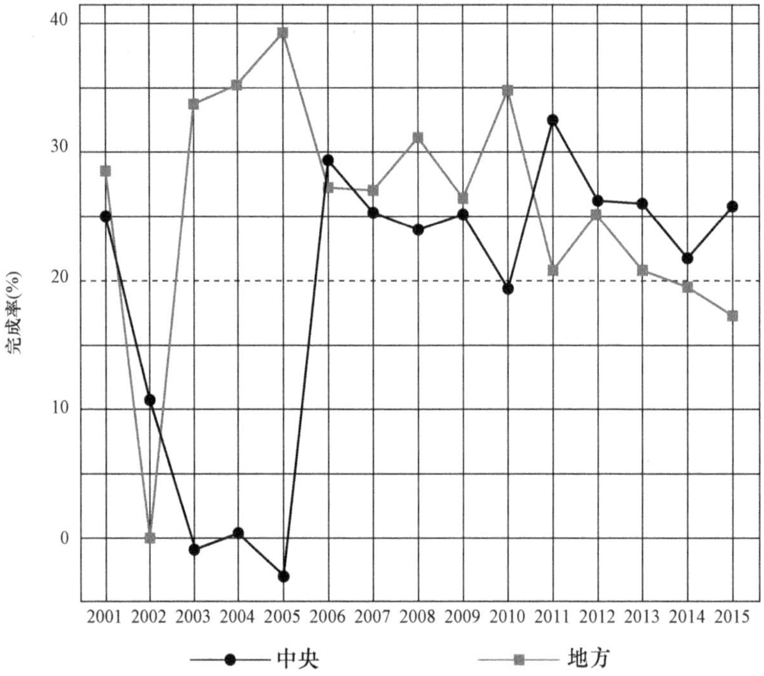

图 4-2　2001—2015 年中央和各省计划指标完成率

表 4-2　中央和地方指标数据描述（2001—2015 年）

年份	中央指标				地方指标			
	均值	最大值	最小值	方差	均值	最大值	最小值	方差
2001	0.250	3.078	−4.273	0.813	0.286	3.078	−4.273	0.387
2002	0.108	3.078	−4.273	0.632	0.002	3.078	−4.273	0.841
2003	−0.009	3.078	−4.273	0.870	0.336	3.078	−4.273	0.412
2004	0.004	2.657	−4.273	1.016	0.352	3.078	−1.049	0.313
2005	−0.028	3.319	−4.273	1.288	0.393	3.078	−2.462	0.434

续表

年份	中央指标				地方指标			
	均值	最大值	最小值	方差	均值	最大值	最小值	方差
2006	0.293	3.000	−4.273	0.394	0.272	2.000	−3.000	0.177
2007	0.253	2.000	−0.818	0.079	0.269	1.830	−1.714	0.122
2008	0.240	2.500	−1.267	0.107	0.312	3.078	−1.786	0.306
2009	0.252	1.900	−1.250	0.084	0.264	3.078	−1.780	0.272
2010	0.194	3.078	−4.273	0.411	0.348	3.078	−4.273	0.495
2011	0.325	3.078	−4.273	0.552	0.209	3.078	−4.273	0.342
2012	0.263	2.391	−1.043	0.107	0.253	3.078	−1.311	0.163
2013	0.260	3.078	−1.546	0.160	0.208	2.511	−0.704	0.109
2014	0.217	3.078	−2.234	0.142	0.196	1.800	−1.543	0.101
2015	0.258	3.078	−4.273	0.270	0.173	1.894	−3.105	0.194

资料来源：根据相应年份国家统计年鉴测算。

（三）分类指标完成情况呈现差异

从图 4-3 和表 4-3 可以发现，经济、环保、民生和科教四大类指标完成情况呈现以下特征：

1. 从整体上看，科技教育类规划指标的年完成率最为稳定，15 年间基本保持在 20%的标准线附近；经济发展类规划指标的年完成率几乎全部在 20%标准线之上，属于绝大部分年份里超额完成的指标类型，但随着时间的推移，出现下降趋势，慢慢接近 20%标准线；人民生活类规划指标的年完成率出现了规划（计划）起始年份超额完成，而后渐渐下降至 20%标准线附近，其年完成率也几乎全部在 20%标准线以上，但是波动幅度较经济发展类指标更大；资源环境类规划指标出现大幅度波动，在“十五”计划期间，其每年指标完成率均为负值，即未能完成指标规划任务，从“十一五”开始，此类指标的完成率才开始为正值，并且完成率逐步提高，大部分年份里都已超过 20%标准线。

2. 四大类型指标的完成率也出现“趋同”现象，都在向 20%标准线慢慢“靠拢”。最为明显的则是经济发展和资源环境这两大类指标。经济发展类指标由以前的超高完成率逐步下降，趋向 20%左右的平稳区，而与之相反，资源环境类指标则由以前的负值完成率逐步上升，也基本位于 15%～40%之间。这反映了当前我国地方政府已经抛弃“唯经济论”，注重社会各方面协调同步发展，特别是切实涉及民众利益的事务。

3. 特别需要指出的是，“十五”计划期间，经济发展和资源环境这两大类指标出现了明显的负相关特征，可以看到，从2001—2005年，经济发展类指标始终处于超额完成状态，完成率逐年提升，而与此同时，资源环境类指标却始终处于未完成状态，甚至完成率每年在下降，2005年二者完成率的差值竟然达到了120%。这鲜明地反映了当时各地方政府“一心抓经济”，以牺牲资源环境为代价来换取经济发展的恶性增长模式，完全不符合绿色发展理念。但是，从2006年“十一五”规划开始，经济发展类指标的完成率开始“降温”，而资源环境类指标的完成率大幅度提升，甚至出现了资源环境类指标的完成率高于经济发展类指标，而且这一对在传统观念里被认为存在“相克”属性的指标，还出现了同步提升的状况，这表明当前经济的发展不再单纯依靠过度掠夺、消耗自然资源来进行，而是合理开发利用自然资源，与自然和谐相处，达到科学发展、绿色发展的目标。

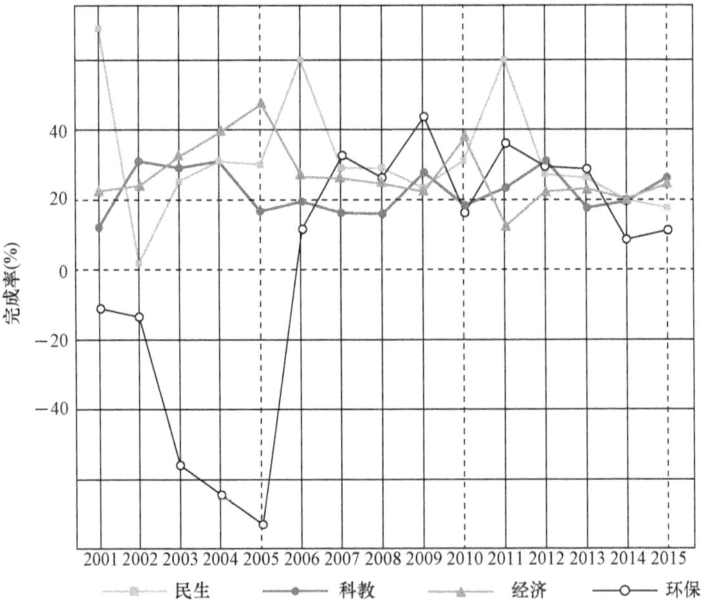

图4-3 四大类型指标完成情况（2001—2015年）

表 4-3　2001—2015 年四大类型指标数据描述

年份	经济发展				科技教育			
	均值	最大值	最小值	方差	均值	最大值	最小值	方差
2001	0.225	2.188	−0.690	0.084	0.123	1.540	−4.273	0.778
2002	0.239	3.078	−0.823	0.105	0.311	3.078	−1.185	0.383
2003	0.323	3.078	−0.666	0.120	0.293	3.078	−4.273	0.607
2004	0.394	2.558	−0.700	0.155	0.307	3.078	−1.049	0.398
2005	0.474	2.962	−0.190	0.167	0.170	3.078	−2.462	0.392
2006	0.266	1.473	−0.300	0.061	0.196	1.572	−3.000	0.233
2007	0.262	1.543	−0.204	0.049	0.166	1.830	−1.714	0.141
2008	0.248	3.078	−1.125	0.106	0.158	3.078	−1.150	0.234
2009	0.231	2.658	−1.780	0.164	0.278	2.610	−0.360	0.178
2010	0.377	3.078	−1.235	0.205	0.181	3.078	−1.485	0.315
2011	0.126	1.845	−4.273	0.390	0.232	2.043	−1.792	0.334
2012	0.223	3.078	−1.311	0.120	0.311	2.085	−1.000	0.200
2013	0.232	3.078	−0.311	0.124	0.179	1.290	−1.489	0.132
2014	0.204	3.078	−1.543	0.113	0.196	1.567	−1.421	0.144
2015	0.244	3.078	−0.731	0.162	0.258	2.406	−0.917	0.281
年份	资源环境				人民生活			
2001	−0.107	3.078	−4.273	1.223	0.684	7.423	−0.685	0.903
2002	−0.132	3.078	−4.273	1.417	0.018	2.772	−4.273	0.623
2003	−0.555	3.078	−4.273	1.843	0.253	3.078	−1.108	0.201
2004	−0.641	2.364	−4.273	1.937	0.309	3.078	−1.804	0.223
2005	−0.726	3.319	−4.273	2.693	0.305	3.078	−1.571	0.252
2006	0.117	0.906	−1.167	0.191	0.598	3.000	−0.119	0.552
2007	0.327	1.436	−1.069	0.299	0.293	2.000	−0.541	0.063
2008	0.277	3.040	−1.370	0.548	0.289	2.511	−1.786	0.176
2009	0.436	3.078	−0.558	0.581	0.235	2.111	−1.250	0.082
2010	0.163	1.157	−4.273	0.929	0.306	3.078	−1.000	0.168
2011	0.363	3.078	−2.400	0.577	0.600	3.078	−0.052	0.526
2012	0.295	3.078	−0.543	0.231	0.270	2.000	−0.973	0.082
2013	0.287	2.084	−0.570	0.250	0.258	3.078	−1.000	0.132
2014	0.086	1.024	−1.775	0.101	0.199	2.270	−2.234	0.130
2015	0.113	1.923	−3.105	0.340	0.178	3.078	−4.273	0.383

资料来源：根据相应年份国家和省、自治区、直辖市统计年鉴测算。

二、规划实施完成准确率的相关因素

（一）各省存在“贪多求全”“加码指标”情况

自“十一五”规划约束性指标制度建立以来，约束性指标在推动地方政府加强政策执行和完成政策目标方面起到了巨大作用。但是约束性指标也受到时间、空间和系统性复杂性等约束条件的限制，并不是通过目标倒逼机制就能保证完成，也会带来在应对指标过程中“头疼医头，脚疼医脚”的副作用。有些省在目标设定方面，过度扩充约束性指标数量，这很容易引起在执行层面重点模糊乃至顾此失彼疲于应对。一些省还存在设定目标匹配度与衔接性不高的问题，个别省自主设置的规划目标与国家目标有效衔接不足，影响了目标设定的权威性和有效性，加上调控政策的相互配合不够，甚至出现目标效力抵消或过度叠加的问题。地方政府在指标设定和执行中，广泛依赖层层分解的方式下派任务，依然存在“冒进主义”历史惯性。以“十二五”规划为例，全国经济增长率设定目标为7%，省级地方政府经济增长率设定目标为10.7%，市级地方政府经济增长率（抽样）则为12.9%。这一现象反映了地方政府在目标设定中科学性的缺位和客观事实的认知不足，很容易导致在目标完成过程中，由于过大的发展压力，使得发展陷入只注重“量”而忽略“质”的怪圈，减少了在发展过程中基础性工作和结构性改革的空间，从而令发展难以保持健康、持续、有质量的增长。而“十二五”规划各地区经济目标完成结果也清楚表明，目标设定冒进度越高，治理目标完成情况越差。

（二）存在“唯目标论”“唯考核论”的误区

在设计干部绩效考核过程中，存在比较明显的“唯目标、唯考核”的思想，从而缺乏有效的系统针对性。我们在对有关发展措施有效性的问卷调研中发现，无论是在创新、开放还是绿色、协调和共享发展中，有关部门都倾向将“增加干部绩效考核比重”作为最重要的保障措施。事实上，如果对任何问题都以“增加绩效考核比重”来解决，最终一定会造成“都加强但都没有加强”的现象。相较于中央官员群体的认知，地方官员群体对不同发展问题所提出的解决方法更为多元，也更有针对性。这在一定程度上显示了一线基层官员群体对现实问题的掌握和了解，也显示了不同发展问题的复杂性和多样性。这也提醒有关部门应当高度重视对具体发展问题的调研力度和对一线情况的掌握，了解基层情况，总结基层经验，才能真正提出解决问题的合理药方，从而避免将所有问题都寄希望于“唯绩效目标考核”上，这不是一种科学的态度，而是将复杂问题简单化的现象。所以，在推动发展过程中，有关部门应当注意克服仅依靠考核“倒逼机制”的倾向，而应当从系统性方面来推动保障新发展理念的落实。

（三）规划指标体系性、科学性存在欠缺

首先，短期宏观调控指标与五年规划脱节。短期宏观调控与五年规划的关系是“后者引领前者，前者服务于后者”。在实际执行中，如果两者脱节，就会造成整体宏观调控的“功能紊乱”和为以后的宏观调控留下“后遗症”。例如，“十一五”规划明确规定的经济增长率预期目标为 7.5%，但是每个年度的指标都是 8%，并在客观上鼓励地方追求更高的增长，这是因为 8%是中央给地方制定的底线。最后的结果是，“十一五”规划的实际平均增长率为 11.2%，高出预期目标值 3.7 个百分点。这也恰恰是造成资源消耗、环境污染、生态压力以及巨量碳排放的主要原因，并在一定程度上造成部分行业的产能过剩。因此，短期宏观调控目标应当主动与五年规划相结合、相衔接、相匹配，否则容易伤害五年规划的导向性功能，为长期的协调、平衡和可持续发展留下隐患。其次，总体规划调控指标与部门规划调控指标脱节。部门五年规划在制定和实施过程中都存在碎片化、部门化的问题，与国家的总体规划匹配性程度不高，协调性还需要进一步加强，宏观调控体系和机制尚不健全，影响了调控的权威性和有效性。宏观调控在不同领域目标之间有效衔接不足，调控政策工具也亟待创新完善，加上部门间调控政策的相互配合不够，甚至出现政策效力抵消或过度叠加的问题。同时，常规化、制度化的监督检查和考核评价机制也仍需不断健全完善。

（四）经济发展正处于攻坚克难的关键阶段

首先，供给侧结构性改革仍处于攻坚期。从“调结构”来看，2017年仍旧是深入落实“三去一降一补”五大任务的攻坚年。房地产业去库存的整体压力依然较大。尽管2017年部分城市出现房地产价格上涨，但是整体供过于求的格局没有改变，房地产去库存呈现明显的区域性特征，特别是二、三、四线城市的去库存压力并没有实质性降低。降成本压力依然巨大，劳动力成本上升的趋势已经成为常态。补短板总体来说稳步推进，但是受制于财政收入增速放缓，“补短板”的财政支出压力加大。从“控风险”来看，2017年的供给侧结构性改革已经释放了一部分结构性改革风险，未来结构调整带来的风险仍然巨大。其次，金融风险巨大，财政风险提升。当前经济发展的风险主要体现在金融风险和财政风险上。金融风险主要表现为全社会杠杆率较高。随着去杠杆的推进，有可能导致银行坏账增加，诱发金融风险、带来信用冲击，威胁金融体系的整体稳定，并有可能传导到实体经济体系，弱化货币政策的执行效果。导致财政风险的主要原因，从长期性因素来看是政府财政债务余额的不断累积，从短期来看是财政收入的大幅度下降。从近两年财政收入和财政支出的增长率来看，财政支出的增长率明显高于财政收入增长率。其中，2015年一般公共预算收入增长率为8.4%，一般公共预算支出增长率为15.8%；2016年财政收入增长4.7%，高于财政支出增长0.2个百分点；2017年财政支出又反超财政收入0.3个百分点。部分省份甚至出现财政收入负增长。当前财政风险主要体现为区域性风险，主要原因是近几年来部分地区经济增长下滑导致了财政收入显著下降，同时面临民生等刚性增长需求，乃至出现了较大范围的支出增长高于收入增长。

三、国内外发展重大因素的影响与规划调整

（一）中国已进入工业化中后期

2002年党的十六大报告提出到2020年基本实现工业化目标，现在看来，我国已经提前实现了四个工业化核心指标，2006年工业增加

值占 GDP 比重达到高峰（为 41.8%），到 2015 年已下降至 1/3（为 33.8%），2017 年基本保持在 2015 年水平（占比 33.9%），工业增加值增长率从两位数降至 2017 年的 6.6%，对经济增长的贡献率被服务业超过，标志着中国进入以服务业为主导的现代产业体系的新时代。从主要传统工业产品看，中国的生产能力不仅在国内市场是过剩的，在全球市场也是过剩的，在 35 种主要工业产品中，已有 18 种达到高峰呈下降趋势，许多工业产品产量占全球比重已超过 40%（为总人口比重的两倍）。需要说明的是，供给侧结构性改革的重点是开启新型工业化（做加法），难点是“去传统工业化”（做减法），途径是“互联网＋工业化”（做乘法），通过节能减排成为绿色工业化（做除法）。不是告别工业化，只是告别传统工业化、黑色工业化，并深入实施中国制造业现代化，发展和创新新型工业化、绿色工业化。①

（二）世界正处于“逆全球化”过程之中

2008 年爆发国际金融危机直接影响了 21 世纪以来的经济全球化进程，改变了自第二次世界大战之后世界贸易增速高于经济增速的基本趋势，出现了世界贸易增速低于世界经济增速的现象，甚至在 2009 年，全球商品贸易在二战之后首次出现了负增长，2014—2017 年全球贸易增速连续低位运行，来自世界贸易组织（WTO）的资料显示，2017 年全球贸易增速达到 3.7%，远高于 2016 年的 1.3%，但相对于 2008 年，全球商品贸易占 GDP 比重已经从 51.8%下降至 2017 年的 41.2%，远低于 21 世纪初的水平。世界的“逆全球化”直接造成中国货物贸易占 GDP 比重大幅下降，从 2006 年 64.5%的顶峰下降至 2017 年的 33.5%，低于 2001 年的 38.3%，成为受“逆全球化”影响最大的国家，这也是我国面临经济增速下行压力的重要的外部影响因素。

以上国内结构性因素与国际外部因素的相互关联、相互作用、相

① 《国民经济和社会发展第十三五个五年规划纲要》第二十二章“实施制造强国战略”，明确提出“以提高制造业创新能力和基础能力为重点，推进信息技术与制造技术深度融合，促进制造业朝高端、智能、绿色、服务方向发展，培育制造业竞争新优势”。

互影响，既减少了国内需求，也减少了国际需求，既使中国面临经济增速下行压力，也加大全球经济增速下行压力。

四、规划绩效的三个维度分析

（一）从对象来看

政府规划绩效的效力对象可以分为两类，一类是针对地区政府的集体约束力，例如《单位 GDP 能耗考核体系实施方案》第四条奖惩措施第二项规定："对考核等级为完成和超额完成的省级人民政府，结合全国节能表彰活动进行表彰奖励"，这一规定主要针对的是地区政府。另一类是针对相关责任人的个人约束力。例如"十一五"规划期间颁布的《主要污染物总量减排考核办法》第九条规定："对未通过且整改不到位或因工作不力造成重大社会影响的，监察部门按照《环境保护违法违纪行为处分暂行规定》追究该地区有关责任人员的责任。"这一规定主要针对具体责任人。

（二）从效力属性来看

大体可以分为政治效力、声誉效力和权限范围效力。政治效力是指对责任集体和责任人在绩效考核和行政责任方面的作用和影响，例如《主要污染物总量减排考核办法》第九条："作为对各省、自治区、直辖市人民政府领导班子和领导干部综合考核评价的重要依据，实行问责制和'一票否决'制。"声誉效力即通过公开评价和声誉褒损的方式对政府完成目标情况予以激励或惩戒，主要形式有表彰奖励、通报表扬、通报批评、剥夺获奖资格等。例如，《单位 GDP 能耗考核体系实施方案》第四条奖惩措施第二项规定："对考核等级为完成和超额完成的省级人民政府，结合全国节能表彰活动进行表彰奖励。对考核等级为未完成的省级人民政府，领导干部不得参加年度评奖、授予荣誉称号等。"权限范围效力是指责任集体和责任人，以其管理行为权限受到某种限制或得到某种扩大为后果的责任方式。例如《主要污染物总量减排考核办法》第九条："国务院环境保护主管部门暂停该地区所有新增主要污染物排放建设项目的环评审批。"

（三）从后果方向来看

大体可以分为奖励和惩罚两种方向。奖励方向即为给予相关责任集体或者责任人相应的奖励，惩罚方向即为给予责任集体或者责任人相应的处罚。

我们将效力措施总结为十一个种类（见表 4-4）：

表 4-4 环境约束性指标效力总结

措　施	约束对象	效力属性	后果方向
领导班子综合考核	集体	政治效力	奖励/惩罚
领导干部综合考核	个人	政治效力	奖励/惩罚
“一票否决”制	个人	政治效力/声誉效力	惩罚
“问责”制	个人	政治效力/声誉效力	惩罚
获得地区年度表彰资格	集体	声誉效力	奖励
获得领导干部表彰资格	个人	声誉效力	奖励
撤销地区荣誉称号	集体	声誉效力	惩罚
撤销领导干部荣誉称号	个人	声誉效力	惩罚
项目区域限批①	集体/个人	权限范围效力	惩罚
行政处分	个人	政治效力	惩罚
能力建设支持力度②	集体	权限范围效力	奖励

资料来源：作者分析整理。

注：受本文研究对象所限，约束性指标效力未包含《单位 GDP 能耗考核体系实施方案》中关于企业奖惩措施相关规定。

①项目区域限批可以看作对于地区政府的权限约束，也可以被视作对于地区主责领导的权限约束。

②能力建设力度支持一般是相关部门对于地区政府拨付相应资金支持，可以视作可支配经济资金权限范围的扩大。

必须说明的是，虽然政府绩效的相关规范文件中均规定了绩效考核实行“问责”和“一票否决”，但并没有相关制度具体规定“问责”和“一票否决”的具体责任人和责任形式。从目前已有的研究成果观察，我国行政问责的责任形式范围广泛，既包括“行政责任”“党纪责任”“刑事责任”“政治责任”，也包括对群体的问责和对个人的问责；从措施上看，包括取消当年评优评先资格，限期整改，诫勉，通报批评，扣发当年工作目标奖金，责令书面检讨，检查，停职反省，停职检查，劝其引咎辞职等各类惩处措施。“一票否决”肇始于计划生育政策，早期的责任措施为相关责任人就地停职或免职，其后随着“一票否决”项目的增多，逐步异化为对于评奖评优资格的取消。而从研究者的实地调研来看，目前环境约束性指标的“问责”和“一票否决”多局限于内部的取消评优评先资格和诫勉谈话。

一些地方政府存在考核“奖惩异化”“失之于软”现象。为确保五年规划的有效完成，正式制度中规定了一系列与目标完成情况相衔接的奖惩措施。但是我们在实地调研中发现，这些奖惩措施要么失之于软，缺乏有效威慑力，要么标准模糊，差别性不强，在奖惩中容易形成“法不责众”或“大锅饭”现象。更为严重的是，在一些具有较强威慑力的奖惩措施中，地方政府通过多种方式异化或变通奖惩方式，例如将对干部的“一票否决”异化为对干部评奖资格的“一票否决”，从而使得考核奖惩流于形式。这极大损害了新发展理念的落实效果和五年规划的严肃性。

本章小结：中国特色社会主义市场经济体制决定了省级五年规划具有“承上启下”的功能，这种功能也维护了党的领导、人民当家作主和依法治国的有机统一；“承上”全面贯彻国家规划要求，“启下”指导本省域的经济社会发展，具有稳定性与灵活性并存、战略性与操作性并存的特征。省级五年规划的实施总体完成率较高，但中央与地方、四大类指标的完成情况存在差异。部门和省级党委、政府在编制考核规划时都不同程度地存在一些问题。与此同时，规划实现存在系统性因素，包括国内外复杂多变的形势都可能影响规划的实施与调整；总体上看，指标完成呈现逐渐改善趋势，中央指标完成情况优于地方指标。

第五章　新时代省级五年规划要关注的重大事宜

一、全面贯彻党的十九大确定的新发展理念

（一）新治国理念与本省实际相结合，创造性的编制实施新时代“五年规划”

党的十九大阐述了中国共产党在新时代治国的新理念，是各省编制五年规划遵循的最基本的指导思想。新时期呼唤新理念。历史和实践表明，发展是不断变化的过程，发展环境不会一成不变，发展条件不会一成不变，发展理念也不会一成不变。到今天，“我们党坚持以马克思列宁主义、毛泽东思想、邓小平理论、‘三个代表’重要思想、科学发展观为指导，坚持解放思想、实事求是、与时俱进、求真务实，坚持辩证唯物主义和历史唯物主义，紧密结合新的时代条件和实践要求，以全新的视野深化对共产党执政规律、社会主义建设规律、人类社会发展规律的认识，进行艰辛理论探索，取得重大理论创新成果，形成了新时代中国特色社会主义思想”①。新发展理念不仅是对中国所处时代方位的科学判断，更是中国发展主动求新求变的战略选择。我们清醒看到，从大国治理看，中央和地方信息不对称是经常出现的问题，需要真正推动地方加强对新发展理念的理解和应用，全面掌握中央发展理念内涵与紧密结合本省实际，二者缺一不可。我们强调搞懂真正内涵，是希望地方能把握住中央的大政方针和重大目标设定。吸取以往的经验，中央如果对具体事物规定过细，就容易影响地方积极性的发挥，但过于简单又会出现“各自为政”。加强对新理念的学习，

① 《党的十九大报告辅导读本》，人民出版社 2017 年版，第 18-19 页。

是解决这一问题的重要方法和手段。必须确保中央地方之间的目标合力与执行合力，我们既需要中央的“顶层设计”，也需要各省的积极性和新鲜经验，从这个角度说，加强新发展理念的学习和切实有效的贯彻，既能有效推动目标合一，又能发挥地方的积极性和创造性，从而有效提高国家和省级五年规划的合力效果。

（二）准确把握省级发展规划工作的新要求

在规划指导思想上，要突出体现习近平新时代中国特色社会主义思想，全面贯彻党的基本理论、基本路线、基本方略，这是指导国家发展规划编制的思想灵魂。在规划发展目标上，要全面体现人民日益增长的美好生活需要，省级发展规划必须全面体现人民对美好生活要求和日益增长的民主、法治、公平、正义、安全、环境等方面的要求。在规划发展任务上，要着力解决城乡发展、区域发展和各类人群之间不平衡的问题；着力解决发展质量和效益不高，创新能力不强，实体经济水平不高等发展不充分的重大问题。在规划发展时序上，要切实对接新时代中国特色社会主义发展的战略安排，切实把握从现在到21世纪中叶中国发展的三大节点，以若干个五年规划的全面完成来逐个实现三大目标，到2050年左右，“成为综合国力和国际影响力领先的国家，全体人民共同富裕基本实现，我国人民将享有更加幸福安康的生活，中华民族将以更加昂扬的姿态屹立于世界民族之林”。①

二、贯彻以人民为中心的发展规划理念

党的十九大指出，“人民是历史的创造者，是决定党和国家前途命运的根本力量。必须坚持人民主体地位，坚持立党为公、执政为民，践行全心全意为人民服务的根本宗旨，把党的群众路线贯彻到治国理政全部活动之中，把人民对美好生活的向往作为奋斗目标，依靠人民创造历史伟业”。② 长期以来，我们不自觉地曲解了在物质匮乏年代提出的以经济建设为中心，可以说，这个中心在今天也没有错，问题的

① 《党的十九大报告辅导读本》，人民出版社2017年版，第28-29页。

② 《党的十九大报告辅导读本》，人民出版社2017年版，第20-21页。

关键是经济建设为中心的最终目的是什么？早在党的七大时，我们就明确了一切发展都是为了满足广大人民群众日益增长的物质文化生活的需要。到了今天，发展仍然是为了满足人民日益增长的美好生活需要。以经济建设为中心的提出，是因为我们在发展中一度脱离了经济的轨道，我们纠正错误不能矫枉过正，为了发展而发展，为了建设而建设，又脱离了经济发展目标的正常轨道。现在我们提出以人民为中心，就是要坚定不移地把经济建设的目的真正回归到为了人民的利益上来。以人民为中心的理念不是一个空泛的概念，而应该有实实在在的内容，以人民为中心对省级五年规划编制有具体的指向（见表 5-1）。

表 5-1　以人民为中心的规划理念坚持与摒弃的主要内容

坚持的思想	摒弃的思想
1. 规划的一切都要以人民为本	1. 规划以物质财富或其他为本
2. 为绝大多数的人民谋利益	2. 为少数团体或个人谋利益
3. 人民至高无上	3. 唯官唯书唯上
4. 更好满足人民在经济、政治、文化、社会、生态等方面日益增长的需要，更好推动人的全面发展、社会全面进步	4. 将物质的积累和若干指标作为发展标志，单纯以物质的指标组合来描述现代化水平

资料来源：作者分析整理。

三、五年规划面临的新重大问题

（一）宏观调控方式面临创新

中国特色社会主义要充分发挥市场在资源配置中的决定性作用，同时要充分发挥政府的宏观经济调控作用。党的十九大指出，“创新和完善宏观调控，发挥国家发展规划的战略导向作用，健全财政、货币、产业、区域等经济政策协调机制”。① 除了特殊情况外，宏观调控要注重在微调、预调、定向调、分类调、道德力量调上下功夫。微调就是轻度调整，主要针对经济运行中带有定量性问题的调整；预调是对预见性问题进行调整，针对问题制定预案，防止问题显现化；定向调就

① 《党的十九大报告辅导读本》，人民出版社 2017 年版，第 33 页。

是结构性调整，采取有的放矢精准地解决问题；分类调就是按地区的不同功能，采取不同的调控方式；道德力量调是根据道德品质标准调整领导人的认知行为，从而使领导团体对事物的发展采取科学可行的方式进行调控。宏观调控方式转变需要将政府与市场的作用相结合，重要的是政府正确发挥作用，基础是依法行政，调控是为了保持经济基本稳定，五年规划对保持经济稳定也会起到集中引领的作用，路怎么走，方向在哪里，这些问题的引领本身就是一种调控方式。

（二）全面的结构性及消费新特征

几乎所有领域都存在结构性问题，我国目前已经形成“三二一”的产业结构，但这并不意味着各层次结构的合理，这种产业结构表明的是一种发展的大趋势，但不反映行业、产品以及企业组织结构的合理性；如果将具体的经济结构与消费新趋势新特点进行比较，我们就会发现结构性的问题是全面性的，比如对应于长尾消费，传统的大规模批量生产就很不适应，对应于互联网和新技术革命，传统的生产方式就很不适应，对应于现代化经济体系，实体经济发展水平和规模就很不适应等。提出供给侧结构性改革，意味着所有经济结构及其生产必须对应不断变化的消费，主攻方向是提高供给侧质量，减少无效供给、扩大有效供给，在提升质量的同时提高供给结构对需求结构的适应性。国际金融危机后，我国的供求关系发生着深刻的变化，国外需求长期不振，国内需求疲软成为需求端的特征；有效供给不足，跟不上需求变化成为供给端的特征，供给侧结构性改革正是有针对性地解决这种结构性失衡。中央提出要努力实现供求关系新的动态均衡，怎么实现？就是进一步完善供给体系，通过全面深化改革建立统一、开放、有序的市场体系，充分发挥市场竞争的作用；通过动态调整，让适应需求的供给得以保留，不适应的则要淘汰，进而以更有效、更高质量的供给满足市场需求，逐渐实现供求关系新的动态均衡。“把提高供给体系质量作为主攻方向，显著增强我国经济质量优势。加快建设制造强国，加快发展先进制造业，推动互联网、大数据、人工智能和实体经济深度融合，在中高端消费、创新引领、绿色低碳、共享经济、现代供应链、人力资本服务等领域培育新增长点、形成新动能。支持传统产业优化升级，加快发展现代服务业，瞄准国际标准提高水平。促进我国产业迈向全球价值链中高端，培育若干世界级先进制造业集群。”① 我国的三次产业序列已经进入“三二一”阶段，这是中国转向后工业化时期的开始，这个阶段的结构比总量更重要。

（三）新技术革命与创新机遇的把握与应用

创新是引领发展的第一动力，是建设现代化经济体系的战略支撑。我们正面临一个新技术革命的时代，与前两次工业革命相比，这次革命的技术更为先进，扩展更为快速。这次革命在区域分布上与前两次比较也有较大的变化，技术重心由西方向东方的转移已经开始，公司、观念、企业家及资本从发达国家向发展中国家的流动势头方兴未艾。跨国公司将焦点集中在增势迅猛的新兴市场国家，未来15～20年，更多技术活动很可能向发展中国家转移。转移的速度要看发展中国家能否获得风险资本、保护知识产权的法治情况如何。党的十九大指出，“强化知识产权创造、保护、运用”，“加强应用基础研究，拓展实施国家重大科技项目，突出关键共性技术、前沿引领技术、现代工程技术、颠覆性技术创新，为建设科技强国、质量强国、航天强国、网络强国、交通强国、数字中国、智慧社会提供有力支撑”。② 这为我国今后抓住新技术革命的机遇指明了方向。但我们任何时候都要警惕“逆全球化”现象的出现，“逆全球化”尽管不是世界发展的趋势，但是，不能轻视其对世界和我国经济发展的影响。我国东部沿海包括对外依存度较高的省份，对此都应该有超前的预判和积极的应对预案，始终坚持“两个市场”，调动多方积极性，维护好本省经济社会发展的稳定性和可持续性。

（四）产业结构改革路径发生较大变化

我国产业结构在一定程度上存在“中央定，地方跟”，形成一哄而上的局面。中国之大，一个产业政策去引导全国力量，很容易形成产能过剩；所以，在制定国家产业政策的时候，需要考虑进行必要的区

① 《党的十九大报告辅导读本》，人民出版社2017年版，第30页。

② 《党的十九大报告辅导读本》，人民出版社2017年版，第31页。

域性引导，这在五年规划中有特殊的意义。从目前中国的企业总体技术水平看，显然有先行者可以追赶，不过，这种追赶不是简单的拿来主义，中国产业结构改革的路径可以通过引进技术以及合资股权等方式提升技术创业质量，中国制造业正处于转型升级的关键时期，企业掌舵者面临换代，跨国并购使国外技术落地是一条可行之路。2016 年中国在德国直接投资并购企业 130 亿美元，而在全球的投入达到了 2470 亿美元。很多在 20 世纪 80 年代成立的中小企业今天正处于转型过程中，给我们带来了极好的机遇。先行国家的技术可以使我们以更快的速度做到更环保节能、产品质量更好、生产更自动化。但我们不能永远跟在别人后面一步一步地爬行，我们必须拥有自己的原创技术和关键核心技术，一个大国推动产业技术革命的技术创新体系，不能成为无源之水。要瞄准世界科技前沿，强化基础研究，开展前瞻性基础研究、引领性原创成果重大突破。

专栏 5-1　华为是如何通过创新来立足的

在通信领域，有三座不可跨越的大山，一个是爱立信，一个是高通，一个是思科。然而，今天这三座大山的制霸时代都被一家中国企业终结，那就是中国华为。2017 第一季度，在服务供应商路由器和电信级以太网交换机市场中，华为首次超越长期霸占核心路由器市场全球首位的思科，占据核心路由器市场的全球第一份额。曾几何时，思科占据了全球核心路由器市场份额的 80%，无论是路由器、交换机还是其他网络设备，几乎可以用“垄断”来形容。整个通信领域没有一个对手能对其造成有效的威胁。众所周知，华为通讯设备一再被美国以“国家安全为由”限制进入美国市场。华为几乎所有的通信设备都无法进入美国这个全球最大的网络设备市场，相反思科却可以在中国市场与华为没有任何限制地全力竞争。爱立信是整个欧洲的骄傲，是通信界罕见的“百年老店”，1876 年成立于瑞典首都斯德哥尔摩，是全球通信解决方案服务商，在华为之前，无人能撼动它的领先地位，如果不是华为，它可能永远是世界第一。同样，美国高通也是无线通信技术领域的霸主，高通几乎垄断了这一领域。当华为拿下控制信道短码话语权的时候，也意味着高通垄断时代彻底结束。如今，再次翻过最后一座大山思科，占据核心路由器市场的全球第一份额。一直以来，三个通信领域至高无上的王者，各自拥兵自重的领域，三足鼎立。怎么也没想到，这个半路杀出来的中国企业成为了他们共同的对手，眼睁睁地看着别人抢走他们的蛋糕。更可怕的是，他们几乎没有任何办法阻止华为前进的脚步。而且华为还没有进入美国市场，如果进入美国市场公平竞争，那结果又将如何？爱立信感叹道，不是我们不行，是对手太强！思科四处造谣说华为通信会影响“国家安全”，高通则陷入了沉思！看准真正的战略性新兴产业十分重要，究竟什么是战略性新兴产业？从字面上理解，是具有持久生命力的涉及国计民生长远发展的重要产品。

（资料来源：百度资料）

（五）对外要坚持“双向开放”结合

党的十九大指出，“开放带来进步，封闭必然落后。中国开放的大门不会关闭，只会越开越大”，“坚持引进来和走出去并重，遵循共商共建共享原则，加强创新能力开放合作，形成陆海内外联动、东西双向互济的开放格局”。① 在对外开放上，要创新外贸发展模式，加强营销和售后服务网络建设，提高传统优势产品竞争力，巩固出口市场份额，推动外贸向优质优价、优进优出转变，壮大装备制造等新的出口主导产业；实行积极的进口政策，向全球扩大市场开放。要创新“培育贸易新业态新模式，推进贸易强国建设。实行高水平的贸易和投资自由化便利化政策，全面实行准入前国民待遇加负面清单管理制度，大幅度放宽市场准入，扩大服务业对外开放，保护外商投资合法权益”。② 要创新“走出去”的新途径，结合我国的优势和部分产能的状

① 《党的十九大报告辅导读本》，人民出版社 2017 年版，第 34 页。
② 《党的十九大报告辅导读本》，人民出版社 2017 年版，第 34 页。

况，结合“一带一路”建设的实际，一方面支持发展中国家的经济发展，加快其基础设施建设，消化我国的部分超量产能；另一方面也要注意必须的风险评估，坚持“授之以渔”，使受援国家能够逐渐具备自我发展的能力。努力实现进出口贸易由量的扩张转向质的提升，双向投资达到新的历史水平，尽快使我国从外贸大国迈向贸易强国。

专栏5-2 “一带一路”国家风险评级的总体情况

中国信用保险的国家风险评价模型从政治风险、经济风险、商业环境风险和法律风险四个角度分析和评估一个国家的风险，包含17个一级指标，53个二级指标，基本覆盖了各种类型的国家风险事件。整体来看，“一带一路”国家评级为5～9级的国家占比为84%，区域绝对风险水平处于相对高位。与国家平均风险评级比较，风险水平下降的国家有阿富汗、伊拉克等14国，占比21.5%；风险水平不变，评级保持稳定的国家有印度、印度尼西亚等37国，占比56.9%；风险水平上升，评级下调的国家有保加利亚、克罗地亚等13国，占比20%。

重点区域和国家风险状况分析。总体上看，该区域有三个突出的风险点：一是大国角力。“一带一路”国家具有重要的地理位置和战略价值，东南亚、南亚、中亚、西亚乃至中东欧都是大国角力的焦点区域，俄罗斯力推“欧亚联盟”、欧盟积极推动“东部伙伴计划”、美国提出建设“新丝绸之路”和“印太走廊”等设想，区域内热点问题不断，大国在伊朗、叙利亚、乌克兰等问题上进行博弈，地缘政治关系相对紧张，区域和国家风险加大。二是文明冲突。由于历史和现实的原因，“一带一路”国家处于东西方多个文明交汇的地区，不同宗教的矛盾与冲突、不同民族与种族的矛盾与冲突，呈现易突发、多样性、复杂化、长期化的特点，某一特定事件的爆发可能对周边国家乃至多个国家产生较强的国家风险外溢效应。三是国内矛盾。“一带一路”国家多处于现代化建设阶段，面临政治转制、经济转轨、社会转型时期的突出矛盾，国内政治经济的稳定性和成熟度较差，容易引发国家风险。南亚是世界上风险较高的地区之一，恐怖主义和分裂势力严重威胁着地区安全。中亚地区总体形势保持稳定，经济增长速度有所放缓。西亚地区局势的不确定性有增无减，未来发展趋势仍显扑朔迷离。中东欧多国在欧债危机爆发后曾经历了外资大幅、迅速撤出和经济衰退，成为投资者关注的焦点。

（资料来源：百度资料）

（六）把握新人口红利的特点

中国劳动力目前正在发生着质的变化，相对改革开放之初，人口红利的确是在消失过程中，几十年收入的上升必然抬高劳动力价格，这是传统劳动力红利逐渐消失的主要原因。面对新技术革命，我们需要创造新的人口红利。新红利有三大来源：一是成千上万的大众创业、万众创新者将形成新的人口红利，尽管创新创业的成功者为少数，但成功者将对国家经济产生重大影响。二是我国目前每年有数百万高校毕业生和大量职业技术院校毕业生，他们都有一技之长，既可能成为科研技术人员，也能经过短期专业培训后很快成为熟练技术工人。三是上亿的农民工在城市工厂逐渐成为相对熟练的技术操作工人，随着乡村振兴战略的实施，留在农村的农民也开始普及农业科技知识，在农业组织结构上，大量特色乡村、专业合作社和家庭农场的兴起，会产生一批懂技术、懂管理的新型农民企业家，这也是中国现代化农业发展的必然结果。同时，随着科技的发展，蓝领、白领的界限正在逐步消失，比如今后城市的环境卫生在智能化条件下，将逐渐催生通过计算机操作的智能系统，蓝领、白领界限也将逐步淡化消失。要发挥中华文明的特质，将学习、创新与巨大人口规模效应结合起来，创造新人口红利。

（七）关于道路问题的应对与坚持

以党的十八届三中全会为标志，中国进入国家治理体系和治理能力现代化的新阶段，党、国家、社会各项事务治理实现制度化、规范化、程序化。中国社会主义制度不断创新、不断建设、不断试错、不断完善的历史过程，形成了独特的“中国之路”。各国发展的历史经验告诉我们，经济政治制度都不能脱离特定社会政治条件和历史文化传统抽象评判，不能生搬硬套外国经济政治制度模式。中国的道路在历史上、在世界上都是十分独特的，中国没有走西方的老路，而是独辟蹊径，成功地实现了对发达国家的追赶，更重要的是超越了西方模式，创新了自己的道路。虽然前进道路充满艰难险阻，但中国将按照党的十九大提出的奋斗目标，在21世纪中叶将我国建成富强民主文明和谐美丽的社会主义强国，彻底摆脱西方势力的影响与渗透，在多极化世界秩序中成为坚实的支柱。历史的经验值得总结，国际大气候，特别是西方主导的政治民主化浪潮、经济全面私有化取向，以及以美国为代表的思想文化自由化潮流，无时无刻不在影响着中国和世界。苏联解体和东欧剧变正是这一影响的重大结果。20世纪80年代末，苏东国家大转轨，放弃社会主义方向，转而走资本主义道路，进入了长达近30年的徘徊低速发展。比较一下坚持社会主义的中国和放弃社会主义的俄罗斯，可以看出两条道路带来的不同结果（见表5-2）。

表5-2　中国和俄罗斯1991年和2011年主要经济增长指数比较（%）

年份	中国				俄罗斯		
	GDP	工业增加值	城镇收入	农村收入	GDP	工业增加值	居民收入
1991	100	100	100	100	100	100	100
2011	731	1030.7	492.6	335	118	87.7	125.1

资料来源：俄罗斯数据见俄罗斯科学院2012年发布的资料；中国数据见《中国统计摘要（2013）》，中国统计出版社2013年版。

数据说明，戈尔巴乔夫支持并推动的所谓经济政治改革，都是典型的老路走向邪路的过程，从鼓吹政治公开化、民主化，到全面彻底私有化，其结果是从第三大经济体落至历史最低点，而中国则恰恰相反。由此可见，不同的道路有不同的结果。这就是为什么我们称中国道路是“人间正道”。当然我们也遇到了困难，西方势力运用各种手段不断地宣称“中国威胁论”“中国崩溃论”，大肆称道西方道路的所谓优越性。但我们是在发展中遇到的困难，就难中有“机”，只要积极主动应对挑战，就难中有“解”，只要推进全面深化改革，就难中有“进”。面对西方的陈词滥调，不仅一些发展中国家，我们自己的一些人也受到影响，对自己的道路说三道四。从 20 世纪 90 年代以来，党中央十分清醒，坚持抵制各种资产阶级自由化思潮，抵御国际敌对势力西化分化我国，防止各种形式的大规模动乱；坚持在指导思想上不搞多元化和全盘西化，绝不走“改旗易帜”的道路；坚持加强马克思主义的指导，牢牢掌握在意识形态领域的领导地位；坚持公有制经济的主体地位，明确不搞全盘私有化；坚持与西方国家“以两手对两手，又斗争又合作，以斗争促合作”。我们要“更加自觉地增强道路自信、理论自信、制度自信、文化自信，既不走封闭僵化的老路，也不走改旗易帜的邪路，保持政治定力，坚持实干兴邦，始终坚持和发展中国特色社会主义，”① 才能自觉地抵制西方自由经济思想的侵蚀，从而保证中国特色社会主义道路可持续地不断胜利前进。

本章小结：新时代省级五年规划要全面贯彻党的十九大确定的新发展理念。将新治国理念与本省实际相结合，创造性地编制实施新时代五年规划，贯彻以人民为中心的发展规划理念。五年规划面临的新重大问题，涉及宏观调控方式创新、结构消费新特征、新技术革命与创新机遇的把握与应用、产业结构改革路径发生较大变化，我们要坚持“两个毫不动摇”、坚持“双向开放”、把握新人口红利的特点，坚定不移地开启全面建设社会主义现代化国家新征程。

① 《党的十九大报告辅导读本》，人民出版社 2017 年版，第 17 页。

第六章　省级五年规划改革与发展前景

小小寰球，光阴似箭；大千世界，变化万千。不论历史的车轮前进快行还是缓行停滞，前进始终是世界发展的基本趋势和方向。1921年中国共产党成立到现在已经近百年，百年弹指一挥间，中国共产党带领曾经占世界四分之一的人口，创造了人类历史上的奇迹与辉煌。20世纪下半叶以来，中国发生了巨大的变化，从建立人口最多的社会主义大国到建立起相对完整的国民经济和工业体系；再到改革开放，解放生产力，走出了中国特色社会主义道路，2020年将实现全面建成小康社会，2035年将基本实现社会主义现代化，到2050年建成富强民主文明和谐美丽的社会主义现代化强国。顺应这一历史前进的发展规律，我国的省级五年规划作为实践这个发展规律的重要手段，将面临一系列重大的挑战与考验，也将形成与社会主义新时代相匹配的新定位与创新引领。

第一节　新时代省级五年发展规划的定位

一、五年规划功能定位特征

（一）省级规划功能特征分析

一是与中央政府的一致性。即贯彻中央大政方针的要求，特别是在中央高度集权的指令性计划时代，物质指标的对应和生产计划的完成表现出高度一致，但在社会主义市场经济条件下，则主要体现在重大指导思想和重大约束指标上的一致。

专栏 6 - 1　国家和东西部两省“十三五”规划指导思想表述比较

国家	高举中国特色社会主义伟大旗帜，全面贯彻党的十八大和十八届三中、四中全会精神，以马克思列宁主义、毛泽东思想、邓小平理论、“三个代表”重要思想、科学发展观为指导，深入贯彻习近平总书记系列重要讲话精神。坚持全面建成小康社会、全面深化改革、全面依法治国、全面从严治党的战略布局，坚持发展是第一要务，以提高发展质量和效益为中心，加快形成引领经济发展新常态的体制机制和发展方式，保持战略定力，坚持稳中求进，统筹推进经济建设、政治建设、文化建设、社会建设、生态文明建设和党的建设，确保如期全面建成小康社会，为实现第二个百年奋斗目标、实现中华民族伟大复兴的中国梦奠定更加坚实的基础
东部某省	高举中国特色社会主义伟大旗帜，全面贯彻党的十八大和十八届三中、四中、五中全会精神，以马克思列宁主义、毛泽东思想、邓小平理论、“三个代表”重要思想、科学发展观为指导，深入贯彻习近平总书记系列重要讲话精神，以总书记视察重要讲话精神为引领，紧紧围绕全面建成小康社会、全面深化改革、全面依法治国、全面从严治党的战略布局，牢固树立并自觉践行创新、协调、绿色、开放、共享的发展理念，牢记“两个率先”光荣使命，坚持发展是第一要务，以提高发展质量和效益为中心，着力加强结构性改革，加快形成引领经济发展新常态的体制机制和发展方式，保持战略定力，坚持稳中求进，以“五个迈上新台阶”为重点任务，以“八项工程”为主抓手，全面实施“七大战略”，统筹推进经济建设、政治建设、文化建设、社会建设、生态文明建设和党的建设，实现经济强、百姓富、环境美、社会文明程度高，率先全面建成小康社会，积极探索开启基本实现现代化建设新征程，谱写好中华民族伟大复兴中国梦的本省篇章
西部某省	高举中国特色社会主义伟大旗帜，全面贯彻党的十八大和十八届三中、四中、五中全会精神，以马克思列宁主义、毛泽东思想、邓小平理论、“三个代表”重要思想、科学发展观为指导，深入贯彻习近平总书记系列重要讲话精神和视察本省重要讲话精神，坚持以人民为中心的发展思想，全面落实“四个全面”战略布局，坚持发展是第一要务，顺应发展大势、遵循发展规律、创新发展理念，围绕“科学发展、富民兴省”总任务，实施主体功能区发展战略，加快转换发展动力，进一步提高发展质量和效益，进一步促进社会公平正义，进一步创新社会治理体系，统筹推进创新发展、协调发展、绿色发展、开放发展、共享发展，全面加强经济建设、政治建设、文化建设、社会建设、生态文明建设和党的建设，确保如期全面建成小康社会、开启社会主义现代化建设新征程

（资料来源：国家和两省“十三五”国民经济和社会发展规划纲要）

在指导思想的表述上，对于重大的方向性问题表述是完全一致的，这就从根本上保障了中央与地方在发展方向、路线方针上的统一性，这也正是两个积极性得到发挥的基本保障。与此同时，结合地方的发展实际，有明显的地方特色指导思想，如东部某省提出经济强、百姓富、环境美、社会文明程度高，率先全面建成小康社会，积极探索开启基本实现现代化建设新征程，这与其发展阶段有直接关系，已经具备率先全面建成小康社会和开启基本实现现代化的条件。而西部某省，经济发展水平决定只能提出确保如期全面建成小康社会。约束性指标基本上保持了高度一致，如污染物排放、能源消耗、建设用地、空气质量、绿化水平以及脱贫和劳动人口受教育年限等；约束性指标差异也与发展水平有关，如东部城镇化已进入较高级阶段，将户籍人口城镇化率作为约束性指标，而西部处于中低级阶段，将此作为预期性指标。重大约束性指标中央与地方保持一致，有利于国家和地方在生态环境建设以及长远问题上的统一行动，这是国家可持续发展的基本保障条件。

二是认同上的差异性。省级政府与中央政府对五年规划理念认同的差异。由于各地发展水平不同，发展条件不一，各省对中央发展理念的理解和认同度存在差异，尤其在区域间产生较大差距的历史背景下表现更为突出。中央政府更多地从国家发展全局考虑制定发展战略，考虑问题更加宏观，省级政府更多考虑本省发展情况，对问题的把握相对具体，这就使地方政府对中央精神的解读各有不同。一般来说，经济发达省份的经济发展水平较高，治理管理能力也相对较高，因此其对发展规划理念的认知与中央政府较为接近；而一些相对落后地区受发展条件的限制，对发展规划理念认同及认知深度则相对较低。重要的是认同程度会直接影响地方政府对规划目标指标落实的积极性和主动性，认同度越高，执行的积极性和主动性越强，规划实施情况就会越好；反之就会打折扣。这就造成了各省对国家五年规划的实施力度不同，规划目标完成情况也不同，从而影响整体目标的实现。

三是执行程度上的高低性。省级政府对五年规划目标指标的执行由于考虑了本省的实际情况，其差异性会带来执行程度的高低。

存在选择性执行现象。国家五年规划目标分解到地方，约束性指标也层层下达，地方政府在落实规划目标时，根据本地利益对目标加以取舍，对于有利于本地利益的会积极执行，对于在本地区没有效果却需要配合的则可能不执行。

存在以消极态度执行现象。我国东中西部各省发展水平差距较大，国家五年规划更多是从国家战略、长远发展和综合目标角度提出，完全可能出现与各省短期发展目标相冲突，一些地方就会对国家目标任务消极执行，将重要资源配置到有利于本省短期利益的项目中，导致国家规划的目标实现不理想。

存在期中停止执行现象。我国五年规划都有比较严格的保障措施，但在实际中国家并不统一对省级五年规划实施监督考核，从“十二五”开始，国家将几项约束性指标纳入考核范围，但根据笔者长期从事计划工作的实践，这些考核指标都是比较容易完成的。以东部江苏省和西部重庆市为例，“十二五”国家考核四个主要污染物排放减少指标，均多减少 0.44 个到 4.35 个百分点；重庆分别提前 1～3 年就完成减排目标，一旦实现目标，就可以不再加以约束（见表 6-1）。

表 6-1　国家和江苏省、重庆市“十二五”时期主要污染物排放减少指标比较（%）

指标	国家		江苏省		重庆市	
	规划（累计）	实现	规划（累计）	实现	规划（累计）	实现
化学需氧量	8	12.9	11.9	16.22	10.66	提前 2 年完成
氨氮	10	13	12.9	13.34	15.21	提前 3 年完成
二氧化硫	8	18	14.8	19.15	10.02	提前 1 年完成
氮氧化物	10	18.6	17.5	20.45	9.37	提前 1 年完成

资料来源：国家和两省“十三五”国民经济和社会发展规划纲要。

（二）省级五年规划实施与党政换届的关系

五年规划实施的连续性与党政换届形成相辅相成作用，本课题组有成员曾经研究了换届导致一些省份的经济增长率呈现出 W 形状态，正是这一现象的反映。从严格意义上说，省级五年规划对同级党委政府并不具备法律上的约束力，所以实施过程中很容易在遇到短期形势变化时进行调整，使规划失去连续性。需要说明的是，规划并非一成不变，在执行过程中遇到重大的问题也是应该进行调整的，由于我国经济管理赋予省级政府相当大的自主权，20 世纪 50 年代“大跃进”时期形成的相互攀比增长的思想，各省都有着强烈的增长冲动，以至于在改革开放初、中期，不少领导将“经济发展”狭隘地理解为“经济增长”，又将“经济增长”进一步定义为“GDP 增长”，考核的指挥棒对 GDP 情有独钟，不断地强化了地方政府加大投资换取经济高增长的冲动。国家规划制定出的增长本来应该是全国发展的底线水平，结果在上述指导思想下，省级增长目标高于中央，地市级目标又高于省级，县级目标又高于地级已经成为今天中国的常态。如国家“十一五”规划制定的 GDP 增长率为 7.5%，但 31 个省区市增长率平均为 10.1%，最高的为 13%。而在换届的时候，新一届领导又会提出一些新指标从而进一步冲淡规划的连续性。近年来由于全球金融危机所导致的经济下行压力，使各省经济面临极大的考验，各省出现了两个新现象，一是尽可能地调低经济增长速度，如“十二五”规划时期，广西、山西、安徽等八个省市在党委建议中提出的 GDP 增长速度都是翻一番，但最后在出台的纲要中均调至 10%～13%。而到了“十三五”时期，国家将速度进一步调到 6.5%，相对于“十一五”时期，各省就表现出相对更为理智的态度，计算 31 个省级单位制定的增速仅比国家高出 1.7 个百分点，比“十一五”时期下降近 1 个百分点，且部分省用了“左右”一词。二是开始真正关注发展方式转变的问题，本文前述作者与某省委书记讨论转型问题的案例，充分说明了如果党的十八大之前，我们在进行被动转型的话，那么今天，各级党委和政府已经自觉地认识到培育创新动力，调整经济结构，促进经济由中低水平向中高水平转变是我们当前坚持稳中有进的必然选择。

（三）国家五年规划在部分重要指标上不对省级规划形成约束

我们在研究中发现，国家五年规划纲要的一些重要指标在很大程度上，并不对省级规划形成约束。“九五”计划之后，国家开始正式取消了财政和投资指标，然而这并没有改变地方政府积极招商引资加大投资、加快经济发展速度的强烈冲动。国家“十一五”规划也没有制定财政指标，但有 24 个省份仍然将其纳入了规划。在“十二五”规划中，国家更加突出强调转型升级，制定投资和财政指标的省份分别下降到 15 个和 21 个。地方政府执行五年规划的短期行为与现行地方干部任期普遍较短有关，全国市长协会抽样调查表明，我国一届市长的任期平均在三年左右，这导致各级官员重视任期内政绩的叠加效应，省级忽视国家发展规划的长远战略，地市又不关注省的长远利益。地市政府对国家目标的贯彻落实动力不足，这可能与干部选拔考核任用权在省级党委、人大有关，因此，国家的治理目标对于地市级约束性不够强，压力传导呈现层层递减的规律。此外，地市级政府普遍缺乏本地区五年规划的科学有效导向，这也助长了短期效应。

二、定位必须全面体现新发展理念和建设现代化经济体系

从国情出发明确道路、方针和政策，是取得中国革命胜利的伟大法宝，是改革开放取得社会主义现代化建设成功的宝贵经验，也是编制实施国民经济和社会发展规划的基本前提。中国发展之路，无论从纵向历史比较，还是从横向国际比较，都是独具特色的。中国的发展道路选择和发展战略谋划走了一条独具中国特色的道路，实践了当代中国的发展经济学。发展处于不同阶段就有不同的发展观，正是随着实践发展而演变的新发展理念，又以更加科学的思想指导实践，创造了中国不断成功的奇迹。今天，我们面临极其复杂的国内外经济政治形势，党的十九大再次强调了“五位一体”总体布局，把创新作为引领发展的第一动力，把协调作为持续健康发展的内在要求，把绿色作为永续发展的必要条件和人民对美好生活追求的重要体现，把开放作为国家繁荣发展的必由之路，把共享作为中国特色社会主义的本质要求。作为实践国家经济社会发展的省级五年规划，只有在坚持“五位一体”的基础上，才能保证本省的发展与全国一致，才能成为全国现

代化建设的有机组成部分，才能确保在各省组合经济中的正能量。

省级五年规划必须深刻领会建设现代化经济体系的科学内涵，坚持质量第一、效益优先，以供给侧结构性改革为主线。坚持科技创新，发展实体经济，着力加快建设协同发展的产业体系。坚持着力构建市场机制有效、微观主体有活力、省级宏观调控有度的经济体制。在规划指导思想上，要突出体现习近平新时代中国特色社会主义思想。要认识到习近平新时代中国特色社会主义思想是中国特色社会主义理论体系的重要组成部分，是全党全国人民为实现中华民族伟大复兴而奋斗的行动指南，更是指导国家发展规划编制的思想灵魂。在规划发展目标上，要全面体现人民日益增长的美好生活需要。中国特色社会主义进入新时代，我国社会主要矛盾已经转化为人民日益增长的美好生活需要和不平衡不充分的发展之间的矛盾。这一重大政治论断要求我们更加关注人民对美好生活的需要。人民对美好生活的需要就是我们的奋斗目标，国家发展规划就是要全面体现人民更高水平的物质文化生活要求和日益增长的在民主、法治、公平、正义、安全、环境等方面的要求。在规划发展任务上，要着力解决发展的不平衡不充分问题。发展的不平衡、不充分体现在哪？不平衡至少体现在城乡发展、区域发展和各类人群之间。特别值得注意的是，区域不平衡中出现的“南升北降”问题。发展的不充分重点体现发展质量和效益还不高，创新能力不够强，实体经济水平有待提高，生态环境保护任重道远等。这些都是我们在国家发展规划中必须着力解决的重大问题。在规划发展时序上，要切实对接新时代中国特色社会主义发展的战略安排。从2020年全面建成小康社会到2035年基本实现现代化，再到21世纪中叶全面建成社会主义现代化强国，是新时代中国特色社会主义发展的战略安排。需要注意的是，这一战略安排把基本实现现代化提前了15年，实现这一战略安排需要五年发展规划来具体落实，现阶段要根据这一新战略安排积极谋划“十四五”规划。在发展外部环境上，要坚持推动构建人类命运共同体。党的十九大报告充分展现了中国共产党人胸怀全人类、决心为人类作出新的更大贡献的历史自觉。发展规划必须统筹国内国际两个大局，始终不渝走和平发展道路、奉行互利共赢的开放战略，防止出现新兴大国崛起过程中潜在的大国间的冲突与博弈，确保开放条件下我国现代化建设顺利推进。

三、新时代省级五年规划的优化定位途径

（一）规划编制理念定位创新

一个大国的治理，中央与地方的信息不对称性始终是存在的，中央政府对省级规划的管理实行严格的控制，就容易出现“统就死”现象，过于放宽又可能出现“放就乱”问题。如果中央和地方坚持一个指导思想，它既能满足国家整体要求，又能照顾地方特色，那就可以在宏观层面解决信息不对称问题。新发展理念从我国中长期面临的国际国内形势出发，在省级层面全面贯彻既可以将中央的科学发展思路贯彻到地方，也能促使地方按照新发展理念的要求推动发展，与中央实现高度契合。以创新为例，创新是当前我们国家发展急需的动力，任何国家尤其是大国，特别是我们已经处于世界第二经济大国，如果始终采取引进消化的方式推动经济，就只能在别人后面一步一步地爬行，就不可能迈向现代化强国。创新也是地方发展的根本动力，如我国沿海东部地区在多年的高速发展中，基本上是采取“大进大出”的加工贸易形式，核心技术始终在别人手里，大量地方的中外合资企业的中方也没有掌握核心技术。笔者曾经陪同省长去说服在本地合资的外方企业董事长，希望他尽快将一款新车型引入合资企业，并给他分析了庞大潜在的市场，尽管这家合资企业由我方控股，但外方董事长就认为中国目前没有达到与新车型相接近的消费水平，结果错失良机。这个案例说明两点，中方没有掌握核心技术即便了解市场也没有用；合资企业的关键决策是由掌握核心技术方决定的。今天，我国各个省的企业绝大多数都面临创新能力短板制约，这个问题不解决，地方经济不可能解决可持续性问题。所以不论是全局还是局部，新发展理念都是极具价值的指导思想。牢固树立新发展理念，不仅对省级五年规划编制实施有重大指导性，还能有效推动中央和地方政府的目标执行

合力，有效提高地方政府的执行能力和五年规划的执行效果。

（二）规划法治价值定位创新

五年规划在所有省级规划中的地位目前是最高的，因为只有它经过各省的最高权力机构——省人民代表大会通过，代表了执政党的意志和人民的意愿。但是从法律层面看，并没有针对五年规划的法律法规，作为国家和省级最重大全面的经济社会发展蓝图，其地位却没有法律依据和支撑。从党的十八届四中全会首次专题讨论依法治国到党的十九大强调“全面依法治国是国家治理的一场深刻革命，必须坚持厉行法治，推进科学立法、严格执法、公正司法、全民守法”。① 五年规划走上法治轨道是必然且急需，应有一部专门针对五年规划编制和执行的法律，使五年规划的制定和执行有法可依，从法律上保障规划的重要地位及其权威性。而目前，国民经济和社会发展规划的定位，在宪法中有所提及，但具体的编制、审议、发布、实施、评估、调整等缺乏法律规范。现在与发展规划工作有关程序产生关系的法律有宪法、全国人大组织法、监督法、全国人大议事规则和全国人大常委会关于加强经济工作监督的决定等，但这些法律法规都仅是对审查和批准总体规划及其若干程序做了规定，对总体规划的定位、性质、作用、实施等实体性的内容并没有法律规定，甚至对程序的规定也是十分简单。

（三）规划评估定位创新

规划评估既是保障规划有效实施的必要环节，也是调整编制好规划的重要条件。规划或政策评估是市场经济国家和国际组织的惯例，编制再完美的规划在实施中也会出问题，究其原因主要有两点，实施过程中措施不力或规划编制本身有问题。经过评估可以发现问题的根源，从而找到解决问题的思路，这样就可以为调整规划提供依据，为今后更科学地编制规划奠定基础。我国和各省是从“十五”计划开始进行中期评估的，一般是将评估结果与地方政府及部门绩效结合，也同时发现存在的具体问题。我们认为，科学的评估机制是优化规划定

① 《党的十九大报告辅导读本》，人民出版社 2017 年版，第 38 页。

位的重要手段，单纯进行中期评估也是不够的。规划是依靠年度计划的实施来逐渐实现的，所以各省计划的实施结果可以与规划进度评估相结合，年度计划实施结果就是五年规划在短期的实施进度，这样既便于追踪五年规划进度水平，及时发现部门和地区执行五年规划存在的问题，也可以使人大、政协和公众对规划的监督更加具体直观，避免在规划实施完毕以后才对存在的问题进行批评分析指责，做“事后诸葛亮”。这种方法对省级政府和部门及时解决问题是大有裨益的。

（四）适应市场机制定位创新

在资源配置中市场起决定性作用的背景下，更好地发挥政府作用是对市场失灵的纠正并为更好地发挥市场作用创造良好的环境。五年规划作为政府之手，其有效性是通过制度设计让政府与市场互补发挥正面作用。诺贝尔奖获得者罗伯特·卢卡斯曾经提问，为什么世界上有不发达的经济？的确，按照经济学的基本原理，如果所有国家都是法治下有秩序的市场经济，没有制度上的差别，也没有严重的自然灾害和不可应付的严重疾病，那么它们的经济发展程度应该趋同。因此，不发达的主要原因是制度，是非市场制度或没有法治的无秩序制度束缚了经济发展。这句话给市场经济带上了金环，但罗伯特·卢卡斯提出制度的重要性是正确的。从创新上讲，任何由政府掌握大量资源，由政府主导的规划式、政策式创新，以及大量政府资金推动的创新基金，其基本机制都可以归到计划或半计划模式，但这类制度归根结底无法解决创新中的基本激励机制问题。规划显然是“有形之手”的作用，但它所面对的经济与社会是不可能完全用“有形之手”去指挥的，尤其需要指出的是，我们研究的省级规划是具体实施的规划，客观上需要采用多种方式和途径。五年规划的实施在政府行为“不缺位”的前提下，政府应提供和创造优良政策环境，为市场提供更多参与经济投资、提供公共服务产品的机会。需要进一步调整政府职能范围，目前我国中央集权在财政上表现突出，一方面有利于国家集中力量办大事，另一方面也会由于上级政府对下级政府转移支付较多而强化政府在经济领域的管理权力。上级转移支付对下级转移支付的比重由东向西逐渐加大，地方政府的管制权力就由东向西增强。如果中央和省区市在税收结构上设计偏向于集中①，那么，政府职权就会强化。我国当前有很多大事要办，需要中央集权，但长远方向是给市场和社会更多的空间去发挥作用，减少政府对微观领域的干预。每个五年规划在政府职能转变中都应该公布“正面清单”，将清单的执行情况纳入评估，人大及社会各界依据清单对政府行驶权利进行实质性监督。这样，通过五年规划创新，促进政府职能转变和鼓励企业、社会资本参与规划实施，为逐渐真正发挥市场配置资源的决定性因素起到引领指导的作用。从更为广义的角度分析，省级五年规划的创新应该覆盖全部规划的实施机制，包括四个层面：一是制度保障。通过制定与调整相关法律、法规、规划、标准、政策、技术规范等，为目标实现提供制度保障。二是资源配置。通过引导土地、资金、人才以及发挥市场的作用等关键要素，优化资源配置组合，为目标实现提供资源支持。三是激励机制。通过改变地方政府、企业和人民等各利益相关者之间的激励机制，促进不同利益主体的目标匹配。四是具体抓手。通过推进重点项目、开展专项行动、实施专门工程等方式，为目标实现提供具体抓手。

（五）适应社会发展指标定位创新

党的十九大指出，要“提高保障和改善民生水平，加强和创新社会治理”，“必须始终把人民利益摆在至高无上的地位，让改革发展成果更多更公平惠及全体人民，朝着实现全体人民共同富裕不断迈进。保障和改善民生要抓住人民最关心最直接最现实的利益问题，既尽力而为，又量力而行，一件事情接着一件事情办，一年接着一年干”，“不断满足人民日益增长的美好生活需要，不断促进社会公平正义，形成有效的社会治理、良好的社会秩序，使人民获得感、幸福感、安全感更加充实、更有保障、更可持续”。② 从“九五”计划以来，我国各省开始注意社会发展指标的权重提升（见表 6-2）。

---

① 注：省区市尽管没有设计税种的权利，但可以确定地区可支配税的支出结构。

② 《党的十九大报告辅导读本》，人民出版社 2017 年版，第 44 页。

表 6-2　“九五”到“十三五”省级规划（计划）各类指标占比

指　　标	“九五”	“十五”	“十一五”	“十二五”	“十三五”
经济发展类	32%	23%	32%	22%	25%
科技教育创新驱动类	21%	21%	10%	11%	12%
资源环境保护类	16%	28%	29%	40%	24%
社会民生福祉类	29%	25%	27%	27%	39%
其他类	2%	3%	2%	0	0

资料来源：根据各省、自治区、直辖市相应五年规划（计划）纲要整理。

表 6-2 显示出各类指标的波动起伏，但总体上资源环境和民生福祉类呈明显上升趋势，这与人类发展指数（HDI）的要求吻合。但我们认为，除了预期寿命、教育水平和生活质量三个基础变量外，我国省级新的五年规划从时代要求出发，还应该高度关注在经济指标上更加重视建设现代化经济体系，在社会指标上，更加注重教育创新、资源环境和民生福祉。

第二节　新时代省级五年规划的功能体现

一、人民性、民主性与集中性的科学结合

（一）五年规划应具有人民性

以往人们都认为发展规划是国家的大事，与普通老百姓无关，这既与规划的定位不清有关，也与规划的目的不明确有关。事实上，宏观的发展规划有广泛的微观基础，其核心目标是以人为本，促进人的全面发展。特别是在社会发展或社会建设部分凸显了“改善民生”的主题，例如国家“十二五”规划第八篇的标题就是“改善民生，建立健全基本公共服务体系”，该篇明确指出：坚持民生优先，完善就业、收入分配、社会保障、医疗卫生、住房等保障和改善民生的制度安排，推进基本公共服务均等化，努力使发展成果惠及全体人民。为此该篇分为七章，逐章说明了这些方面的基本公共服务，与人的发展生命周期以及能力具有极强的匹配，几乎涉及所有人的发展生命周期和各种

主要基本公共服务需求，从人力资本投资的视角看，这恰恰是促进人的全面发展的规划，体现了宏观发展规划与微观的人的发展需求之间的联系、匹配、互动和需求。正因为此，发展规划就是人民发展的规划，或者说是党和政府全心全意为人民服务的规划，这个服务就是多维能力所需要的基本公共服务，而公共服务又成为促进人的全面发展的人力资本投资，这是具有短期与长期回报的投资、私人与社会收益的最好投资。从这个意义上来看，五年规划就是促进十几亿人民全面发展的规划。诚如 2015 年 7 月 20 日中央政治局会议所确定的核心理念：实现好、维护好、发展好最广大人民根本利益是发展的根本目的，必须把增进人民福祉、促进人的全面发展作为发展的出发点和落脚点。

（二）五年规划应具有民主性

五年规划在制定的过程中不仅广泛听取各方意见，也同样需报同级全国人大批准。五年规划在实施的过程中，同样应当充分发挥民主的作用，注重年度检测、中期评估和总结评估。评估结果同样应报同级人大批准，并向社会公开。人大的监督和社会公众的普遍监督是充分发挥规划落实过程中民主性的重要保障。同时，五年规划涉及经济社会发展的方方面面，只有充分采用民主程序、尊重民主意见，才能集思广益，科学制定和实施五年规划。规划为了发展，发展为了人民。归根结底，五年规划的制定和实施是为了人民更幸福的生活。因此，要充分把握基于五年规划人民性和民主性。

（三）五年规划应具有集中性

民主集中是我们党和国家近百年来奋斗的历史经验总结，也是今天不断取得丰硕成果的重要保障。既要尊重民主意见，又要有集中制度保障科学决策。在充分听取各方意见的基础上，规划部门和有关部门要制定规划下一阶段的落实方案，以新发展理念为指导，查缺补漏，统筹考虑。笔者在调研过程中也注意到，在规划制定和实施的过程中，有关部门和各级地方政府难免以自己的工作为中心，对全局把握不足。这就更需要规划部门牵头统筹协调，党委和政府集中决定，以新发展理念综合考量发展目标，协调开展工作。规划制定和实施的集中性保障了各领域规划统筹一致，把大局观落实到具体措施中，在理念、目标和执行上都能统一思想和行动。

（四）五年规划应是人民性、民主性与集中性的科学结合

五年规划归根结底是为了更好服务人民的规划，是为了人民更幸福生活的规划。五年规划也只有通过民主集中的方式才能集思广益、统筹发展，实现科学决策，更好服务人民。五年规划只有实现了人民性、民主性与集中性的结合，才能实现科学发展。

二、政府规划期履行职能职责的重要依据

（一）关于政府职能的新变化

纵观各国政府的基本职能，尽管由于政治环境和体制的不同而存在差异，但一般来说，政府职能有如下特征与变化趋势：一是体现领导团队的政治意志和战略意图。当前，国际经济政治风云变幻，地缘政治特征不断强化，政府作为强制性、法定的管理组织，对管辖范围内的各类事务进行有效的决策与管理，必然更加强化或代表特定政治、经济团体的核心利益和战略意图。二是注重满足经济社会发展与改善民生的意愿。当前，全球进入了信息化发达的新时代，大数据、互联网、云计算等纷纷登上世界技术舞台，促使新闻媒体立体实时动态化，社会政治文明程度不断提高，人权意识增强，全球化程度不断提升。社会公众和各种政治组织为了获得执政机会，不断改善政府管理职能，持续改善本国经济，提高人们的社会生活质量。三是随着全球政治文明和科学技术的进步提高经济和社会运行效率。各国政府越来越重视本国、本地区的国民经济布局和基础设施建设，研究学习全球先进国家和地区经验，推动对外开放和国际贸易，引进外部资金和经验，逐步提高政府机构的决策与规划执行能力，提高运行效率。

党的十九大指出要“坚持依法治国、依法执政、依法行政共同推进，坚持法治国家、法治政府、法治社会一体建设”。[①] “不断推进国

① 《党的十九大报告辅导读本》，人民出版社 2017 年版，第 22 页。

家治理体系和治理能力现代化”，“使市场在资源配置中起决定性作用，更好发挥政府作用”,① “创新和完善宏观调控，发挥国家发展规划的战略导向作用”。② 科学的宏观调控，有效的政府治理，是发挥社会主义市场经济体制优势的内在要求。必须切实转变政府职能，深化行政体制改革，创新行政管理方式，增强政府公信力和执行力，建设法治政府和服务型政府。这就需要全面正确履行政府职能。政府要加强发展战略、规划、政策、标准等的制定和实施，加强中央政府宏观调控职责和能力，加强地方政府公共服务、市场监管、社会管理、环境保护等职责。很明显，政府职能转变，正是时代的特征和现实的要求，国民经济和社会发展五年规划正是这一历史进程中履行政府职能的重要手段。

（二）关于政府职能与政府五年规划功能

政府职能的实现要依靠包括政府五年规划在内的诸多经济行为和重大决策，同样，政府五年规划也有助于政府职能的实现和转变，两者相辅相成、相互促进。各级政府应该更加重视赋予五年规划新功能，而五年规划本身也应该通过其功能的调整促进政府职能转变。新时代政府规划要更加重视市场规律的作用，也要积极促进政府行为对市场失灵的纠正。新时代政府五年规划的新功能集中体现在通过其目标的设定，在完成国民经济和社会发展任务的同时不断完善政府职能。目前我国的发展规划有“三级三类”，国家、省、地县三级；总体规划、专项规划和区域规划三类。省级规划在“三级”中处于中间层，具有承上启下的作用。其主要体现，一是践行新发展理念的新要求，需要通过规划来引领，新发展理念更多地体现了党的思想理论创新，在经济工作中，则更多地体现为对建设现代化经济体系的引领。新发展理念的新要求，不仅要在国家层面的规划加以体现，更要在省级规划中得到实现，这样才能真正在经济社会发展进程中得以贯彻和践行。二是落实党委和政府的重大决策，需要通过规划来布局，决策科学化、

① 《党的十九大报告辅导读本》，人民出版社 2017 年版，第 21 页。

② 《党的十九大报告辅导读本》，人民出版社 2017 年版，第 33 页。

民主化是大势所趋，发展规划集中党心民意，将政府的作为程序化、规范化，做到“可预期、可检验”，省级政府抓发展，尤其是谋划中长期发展，主要载体就是“五年规划”，通过规划的实施来具体地体现党心民意。三是规划期内人事变动后的发展，需要通过规划来连续，现在党的委员会和政府领导人每届任期均为五年，但这不与五年发展规划期同步，五年规划执行过程中间会迎来党委、政府换届，换届虽说不会将规划“推倒重来”，但往往也出现重定目标、“另起炉灶”的现象；由前所述，如果市长的任期平均不超过三年，要使指标执行具有刚性和各级领导的自觉性，在很大程度上就是保持指标制定的科学性。各省所处发展阶段不同，指标的重点会有区别。如长江三角洲地区2017年人均GDP均已超过15000美元，在全国领先，就不必过于追求增长速度，而应该在现代服务业、自主研究开发、着力提升软实力、增强公众幸福感等方面下功夫。而广大中西部地区尽管人均GDP普遍不到10000美元，在考虑科学追赶的同时仍然不能轻视结构质量和创新引领等重大问题。如果指标设定和速度都缺乏长远性、全局性和科学性，就必然形成“换领导调规划”的局面。如果省级五年规划切实履行好上述三点功能，就可以更好地促进区域发展战略的连续性和发展路径的稳定性，也同时充分地体现了政府职能的科学履行。

省级五年规划的新功能具体表现在按照新发展理念和中央的要求，结合实际省情，更多从操作层面加以考虑。各省资源禀赋不同，发展阶段有差异，主体功能不一，政府职能界定就会有区别。尽管如此，在规划理念和基本指导思想这些重大问题上是没有区别的。就像一株大树，树根和树干是一个，但在树干上的分支是不同的，树叶的茂密程度也不一样。正是这些不同的树干和不同的茂密树叶，构成了一株参天大树。

（三）基于新时代和新思维的政府规划功能

21世纪，全球经济进入了开放、互动、互联的新时代，国内外各种政治、经济矛盾和经济发展中的问题不断聚集与碰撞，新生事物不断涌现，新技术、新产业对各国政府决策、企业运营和社会生活等产生了巨大的影响。中国进入新时代，主要矛盾发生变化，政府治理体系和治理能力现代化等一系列发展的新维度出现，对政府规划等行为提出了新的要求。如何基于新时代的要求，尽快提升政府规划的科学、前瞻、准确和高效，是时代发展、政府管理的新需求。我们认为，紧跟时代潮流，运用新技术、新思维，从多维度出发，优化国民经济和社会发展规划功能，实现更加有效的政府规划与管理，提高政府治理水平和经济发展质量与效率是面向现代化中国省级政府应该思考和解决的重大问题。

面对我国跨入现代化建设的新征程，政府的发展规划必须衔接紧凑，跨部门协调必须更加有效规范，规划之间的壁垒必须彻底破除，规划编制程序必须合法合规，通过规划的优化不断提高政府决策质量和工作效率，同时使规划决策与执行力度显著增强。按照这样的思维方法，面向基本实现社会主义现代化的规划编制，省级政府应该遵循一些什么基本路径呢?

通过创新规划方法强化规划的新功能。创新规划方法实质上是统一思想和认识的过程，拉长规划编制过程有助于深入做好前期研究工作，有助于从开始阶段就进入衔接协调，更好地容纳全社会的共识，使之自觉围绕最后的规划目标行动。深化前期工作包括增加对自然条件的分析，把握好每个省的省情，把握好未来的空间结构，使规划清晰地展示未来“几林几乡几城”蓝图；增加资源环境承载能力特别是经济发展和人口集聚“短板”的分析；加强数量指标之间的衔接和平衡。运用科学“统计分析法”，对资源环境进行综合分析，对地形地貌、资源景观、历史文化、水资源等进行立体定量，形成自然图；运用“空间分析法”对国土空间进行综合分析，对土地利用、居住区域、交通体系、农田和生态空间进行立体定量，形成现状图；最后将自然图和现状图进行叠加分析，明确重点开发、优化开发、控制开发、禁止开发区域，形成支撑五年规划实施的规划空间开发图。

通过增加软实力指标完善规划现代化功能体系。我们党和国家历来重视物质精神文明的双重作用，五年规划应该具有前瞻性、先导性，如果规划把社会引向纯粹追求物质利益，那就不是真正的现代化，更不是具有中国特色的社会主义现代化。从各省进入21世纪后的五年规划分析，都有不同程度软实力方面的表述，但基本没有列进指标体系，不进指标体系就意味着没有量化，不量化的定性描述是不可能进行考核的，所以现有规划中的软实力描述的确是真正的“软”。我们即将完成全面实现小康社会的伟大历史使命，从而迈向现代化社会的新征程，物质丰富当然是现代化所必需的，但笔者认为，缺少精神文化层面的现代化是不完整的现代化，既不具有人类所追求的高级社会形态的综合特性，更不是中国特色社会主义现代化的完整体现。所以，建议各省在全面把握本省比较优势的前提下，从政府治理、公众素质、历史文化、战略思维等软实力着手设计符合本省实际情况的指标。以下几点至关重要：一是建设现代化经济体系。“我国经济已由高速增长阶段转向高质量发展阶段”，“建设现代化经济体系是跨越关口的迫切要求和我国发展的战略目标。必须坚持质量第一、效益优先，以供给侧结构性改革为主线，推动经济发展质量变革、效率变革、动力变革，提高全要素生产率，着力加快建设实体经济、科技创新、现代金融、人力资源协同发展的产业体系，着力构建市场机制有效、微观主体有活力、宏观调控有度的经济体制，不断增强我国经济创新力和竞争力”。[①] 二是政府治理体系和治理能力现代化水平要不断提升。政府职能转变和治理体系能力现代化是相辅相成的，规划需要在定性基础上进行量化，以利于考核促进水平的提升。三是面向未来。要着眼于长远，将公众文化素质和受教育水平纳入指标量化，将基本公共服务的义务教育年限逐渐延长；将教育质量也进行量化，提升高等教育的世界水平。彻底打破崇洋媚外的教育劣习，我们既不能骄傲自大，也不能妄自菲薄，要从中国自身的需要出发创造世界一流的大学，着力培养具有中国发展需要的战略思维和战术操作能力的高层次人才，而不是用别人的标准来压低自己。四是资源要向弱者倾斜。目前规划中的

① 《党的十九大报告辅导读本》，人民出版社2017年版，第29-30页。

脱贫指标即属于此，但指标体系远远不够，要通过规划引导公众关注关心弱势群体，鼓励提倡经营成果回报社会，倡导弘扬捐赠义举，逐渐强化社会的公平能量。五是注重细节。细节有时会决定成败，我国各省的城市管理普遍不注重细节，大的方面有公共服务产品提供缺位等，小的方面对尊老爱幼、照顾残疾群体缺失等。以上五个方面的问题，建议有条件的省可以设计专栏，量化细节指标，纳入考核，逐渐完善省级五年规划功能，切实推动省级综合实力的提高。

第三节　规划的承接协调与各类规划的总遵循

一、空间布局的引导

我们应当正视当前部分省级规划体系存在的问题，这些问题的出现，从根本上看，是源自部门职能的重叠和边界不清晰。理论认知上本不应该存在什么问题，国民经济和社会发展规划的名称本身就说明了其规划的宏观性、战略性和指导性。但为什么“三性”在现实生活中难以体现呢？一方面是规划本身存在战略指导性不足、规划线条较粗、缺乏大尺度空间定位、基于资源环境的开发没有界定约束力等问题，对各类规划的统领指导地位自然受到动摇。另一方面是政府部门职能问题，长期以来，发展规划、国土空间规划、城乡规划“各自为政”，既不合作又相互掣肘，职责划分不清，职能表述不严，形成“三足鼎立”之势。要回归国民经济和社会发展规划的功能作用，必须克服规划的自身缺陷，按照新发展理念和以人民为中心的要求，补上短板。要强化规划空间指导性，在省级层面国民经济和社会发展规划与主体功能区规划必须保持高度统一。按照新的国家机构职能划分，目前这两个规划分别由两个部门牵头，虽然职能进行了划分，但是两个规划的内容不应分割。作为我国的独创，推进主体功能区就是根据不同区域的资源环境承载能力、现有开发强度和发展潜力，统筹谋划人口分布、经济布局、国土利用和城市化格局，确定不同区域的主体功能，并据此明确开发方向，完善开发政策，控制开发强度，规范开发次序，形成人口、经济、资源环境相协调的国土开发格局，构成高效、协调、可持续发展的美好家园。中央在《关于制定国民经济和社会发展第十二个五年规划的建议》中将主体功能区上升到战略层面，从理论上已经与国民经济和社会发展规划共同构成了国土空间规划管理开发的完整战略格局。两大功能叠加，弥补了五年规划对空间开发指导缺位的短板，可以使国民经济和社会发展规划所体现的新发展理念具体落实在国土空间布局上，构成各省落实新发展理念的伟大实践。

二、与主要规划的承接要协调

五年规划居于规划体系最上位，是其他规划的总遵循，在此前提下，需要保持各类规划的协调，与省级五年规划有着紧密联系的主要是城乡和土地规划，其与五年规划的协调尤其重要。省级城乡规划应该冲破城市区域，建立起全域整体空间、大尺度空间范围的规划理念才可能保持与五年规划的协调。但部分省份往往拘泥于狭隘的空间，使规划仅仅从城市发展的历史和现状出发，对城市发展起决定性影响的人口变化、产业发展方向、潜力及布局却缺乏深入研究，从而导致规划方法论上的“先验论”，规划覆盖面的“单一性”，技术层面的“专业性”，不能与五年规划履行全域空间发展的要求相协调。如我国部分省份城乡规划部门正探索推行“概念性规划”，该规划源于20世纪60年代，就是在编制城市规划前对经济社会的发展进行展望预测。很明显，概念性规划主要是针对现有城市规划缺乏方向性、战略性重大问题的深入研究而设计的，其实这是五年规划已经解决的问题，由于部门的分割使城市规划部门再起“炉灶”。国土规划也应该是具有战略性、综合性的地域空间综合规划，规划以有关建设总体布局及其与人口、资源、环境进行空间综合，以保持与五年规划的协调。但部分省份的国土规划还是将主要精力集中在土地利用上，土地作为国家的稀有资源无比珍贵，土地规划应该以强制性约束指标进行控制，只有将土地与相关因素结合起来综合考虑，才能保障与五年规划的协调。

三、五年规划是各类规划的总遵循

省级规划林立，需要有明确的功能分工，按层次主要分为五年规划纲要、国土空间规划和专项规划三类，但最基本的遵循是五年规划纲要，它明确目标任务，提出“干什么的方向和重点”；国土空间规划解决“具体细分在哪里干”；专项规划回答“应该怎么干”。这种规划体系架构，科学划分了规划纵向的层级任务重点，其中比较核心的是规划横向边界划分。如一和二层级对空间开发的表述，原则上，规划纲要明确空间开发原则、要求和各类开发强度系数，对特别重大的板块可以具体落地，如国家级开发开放新区和自由贸易区，或对本省发展有着重大影响的重点产业开发强度。其余的空间规划落地由第二层次具体落实到区块①。第三层次遵循前面两大规划要求提出开发次序和重要项目。这样，规划层级由战略到战术，规划对象由抽象到具体，规划任务由全省到行业或企业。从而整合规划资源、理顺规划关系、形成规划合力，使总体规划真正起到“龙头”和“统领”的作用，规划体系由“各行其是”转向“各展所长”。具体的规划整合有以下三点：第一，在落实国民经济和社会发展规划总遵循的前提下，主体功能区规划必须与之高度契合，使其对省级各类规划的指导性功能成为名副其实的“总体规划”。第二，城乡规划与土地利用规划整合，集中具体落实总体规划所确定的原则和方向及其各功能区开发强度，使各功能板块在空间落地。第三，大量专项（行业）规划按大类整合，如战略性新兴产业、传统产业转型升级等。

第四节　长远目标治理的自觉与适应

一、以目标治理推动发展是省级五年规划的根本机理

早在 1992 年邓小平同志就指出，我国的经济发展，总要力争隔几

① 区块是规划和地质勘探学中的术语，意为一定的地域范围。

年上一个台阶。小平同志从实践中认识到，从这些年的经验来看，实现几年上一个台阶是能够办到的。在这里谈到的正是我国社会主义现代化建设中，用五年规划（计划）的方法迈上新台阶。尽管中华人民共和国成立以来五年规划（计划）经历了一些坎坷，但始终坚持了规定每个时期的发展目标、发展任务和发展战略，正是通过这些目标制定和实施，我国经济发展不断迈上新台阶、不断创造新奇迹。从国家层面，五年规划（计划）是保持宏观经济稳定的重要手段，也是确定未来五年国家发展的宏伟蓝图。从省级层面，它确定了区域经济社会发展的具体方向和具体指标，不仅具有思想性和战略性，还是直接操作的工作线路。如果我们把五年规划围绕目标治理进行分解，那么，目标特性就体现在规划的主题上，主题是“远处着眼”，规划的主线则是“近处着手”，是解决问题的突破口，即目标既要体现长远的战略，又必须从现实出发确立实现目标的战术；而规划拟定的政策、项目则是战术的“落地”。目标是五年规划的根本属性，五年规划之所以既不是法律法规，也不同于具体的政策，是由于它有目标。目标也是五年规划最突出的特征，通过目标具体贯彻党的路线方针政策。规划的这些特性表明其目标治理不是盲目的，而是自觉的，不是自发的，而是有序的。在社会主义市场经济条件下，各省既以规划战略引导经济，也尊重市场规律自发驱动经济，是政府和市场“双重作用”的叠加。规划表明政府通过合理配置公共资源和有效运用公共力量来影响指标的实现，如加快发展预期性指标、限制其发展约束性指标，这只“有形之手”要充分体现政权意志和公众的利益，但规划也同时在发挥市场规律这只“无形之手”的优势，调节着微观市场的平衡。两者的有机结合体现出五年规划目标治理实现机制的完美。

规划目标治理从国家层面看，体现了构建中国特色社会主义现代化社会的核心理念，它既是现代化的，更是社会主义的，清晰地向世界展示了中国特色社会主义现代化社会的全貌，使人民具体感受到共享的美好生活。从省级层面看，完成国家确定的与本省有直接关系的约束性指标，是省级政府在规划中要首先体现的。但是，在省级五年规划中遵循省情确定自己的发展目标是规划的主体内容。各省在不同阶段都有自己的战略目标，规划遵循战略，年度计划又遵循五年规划来实施，很明显，五年规划在这个体系中起到了承前启后的中间力量的作用。以重庆成为直辖市以来的远景规划与五年规划（计划）为例（见表 6－3），在“九五”期间重庆就前瞻性地对未来 15 年做了战略性预判，制定了长远规划目标，而后的五年规划（计划）在主线上基本遵循了长远目标并随形势发展进行调整。

表 6-3　重庆成为直辖市以来的长远规划与五年规划（计划）主题词表述

规划（计划）期	规划（计划）目标表述主题词
“九五”暨十五年远景	长江上游经济中心，国内生产总值翻番，人民生活富裕文明。长江上游交通枢纽，较为完备的基础设施体系，城镇群体系。发挥老工业基地优势，高新技术产业基地，产业结构调整。对外开放走廊，经济增长方式转变。物质文明和精神文明，经济和社会协调，全民素质提高，完善社会发展体系。三峡库区移民。实现贫困地区脱贫。生态环境保护和治理，三峡库区生态经济区
“十五”	增长速度高于全国平均水平，西部大开发突破性进展，推动“移民、扶贫、老工业基地改造、生态环境保护”，经济发展位居前列，人民生活改善，国内生产总值翻番。经济较快增长、总量增加，质量效益、结构调整成效明显，基础设施约束缓解，综合竞争力增强。科教兴渝、信息化和城镇化战略。生态建设和环境保护。三峡移民顺利推进。市民素质不断提高。体制创新能力显著提高，对外开放新格局。居民收入增加，生活质量改善。公共服务充实，社会发展和进步
“十一五”	库区移民迁建。国企改革突破。农村建设取得进展，农村绝对贫困人口温饱。综合生态环保体系。长江上游经济中心总体框架。比较完善基础设施体系，园区经济架构，现代产业基地。城镇体系形成；长江上游金融中心、科教文化信息中心轮廓显现。全面建设小康阶段性进展。社会基本公共服务均衡。转变政府职能、构建公共财政、促进城乡协调、打破行业垄断、健全市场体系。民主法制和精神文明
“十二五”	统筹城乡发展，民生改善显著；长江上游金融中心、商贸物流中心和科教文化信息中心。城乡区域差距缩小，共同富裕。实现两个同步。经济结构战略性调整，城乡基本公共服务均等化，城乡区域结构调整，区域发展、协调发展，社会建设。新区开放开发平台，内陆开放高地。改革重大突破。能源消耗、污染物、二氧化碳排放减少。长江干流水质总体稳定，空气环境质量不断上升。率先实现小康社会目标

续表

规划（计划）期	规划（计划）目标表述主题词
“十三五”	科学发展、富民兴渝，功能区域发展。提高发展质量效益，建设国家中心城市，建成小康社会。经济发展的平衡性、包容性、可持续性。重要功能性金融中心，西部创新中心，发展方式转变。长江上游经济中心。政府职能转变，法治服务型政府，司法公信力。文化繁荣，生态环境质量，生态文明城市。社会治理创新。公共服务体系健全，可持续社会保障制度，基本公共服务均等化，人民获得感、安全感、幸福感。现行标准下农村贫困人口脱贫，贫困区县“摘帽”

资料来源：根据重庆市“九五”到“十三五”规划（计划）纲要整理。

由于主题词选择的非精准性，表 6-3 并不能绝对客观地反映重庆五个规划（计划）的关联度，因为关联度并不一定就能证明省级规划的不可持续性。一般来说在经济发展相对比较平稳的背景下关联度较强，反之较弱。从 1996 年到 2017 年，国内外经济发展经历了至少 3 次较重大的波动，1997 年的亚洲金融危机，2008 年的全球金融危机，以及由此带来的持续经济下行压力。尽管如此，总体上是朝着中高级阶段在发展，也就是说，五年规划主题词反映的是这个城市不断前进的轨迹。

再看处于东部的江苏省同期五个五年规划（计划）发展目标主题词的变化（见表 6-4）。

表 6-4 江苏省“九五”到“十三五”规划（计划）目标主题词表述

规划（计划）期	规划（计划）目标表述主题词
“九五”	全面小康、初步现代化、基本形成市场运行机制、转变增长方式、高效集约、国际化进程、社会事业全面发展、精神文明、居民收入显著提高、生活质量环境较大改善、尽快消除贫困现象
“十五”	富民强省重大进展、综合竞争力明显提高、宽裕小康、结构调整重大进展、质量效益显著提高、国企战略改组、国际化水平、文化科教，国民素质、居民收入、相对充分就业、健全社会保障、生态环境优化、物质精神文明协调
“十一五”	持续快速协调健康、经济全国领先、生活水平质量普遍提高、收入差距缓解、就业相对充分、社保体系完善、教育现代化、经济结构优化、自主创新、核心技术、增长方式较大转变、国际竞争力、资源利用效率、生态人居环境、精神文明、民主法治、社会治安、安全生产、总体全面小康、苏南基本现代化

续表

规划（计划）期	规划（计划）目标表述主题词
“十二五”	可持续发展能力、高水平小康社会、有条件地区进入基本现代化、质量效益、经济结构以服务业为主、自主创新体系、专利水平前列、生态文明、城乡一体化、政府职能转变、国际分工和国际影响力、民营经济转型、基本普及高中
“十三五”	率先全面小康、强富美高新江苏、基本现代化迈出坚实步伐、公民素质、经济综合实力、自主创新、产业中高端、全球影响力科技创新、质量效益、国际竞争力制造业、农业现代化全国前列、城乡区域协调、现代基础设施体系、开放经济领先、重点改革实质进展、教育总体现代化、可持续社会保障、生态环境

资料来源：根据江苏省“九五”到“十三五”规划（计划）纲要整理。

很明显，相对于西部重庆而言，东部江苏规划的主题词表现出的前瞻性、现代化、综合竞争力以及发展比较层次高出许多，这正是两省市所处不同阶段在五年规划中的反映。这充分说明了我国各省在编制五年规划过程中，是立足于本省的实际情况的。

省级规划与国家长远目标治理的适应与冲突。任何国家及其所属的地区总有全局与局部之分，中国也不例外，在保持与中央高度一致的前提下，各省的利益还是存在的，这样的客观事实不能否认。问题的关键在于，怎样处理好局部与全局的关系？就中国国家和省级五年规划而言，我们先来引用世界著名未来学家约翰·奈斯比特在《中国大趋势》中精辟提出“中国新社会的八大支柱”理论后一段耐人寻味的话，他说：“在这样一个权力高度分散的社会中，领导层吸纳自下而上的意见和需求制定一个整体的纲要。这些上下互动的积极性得到了鼓励，并允许根据情况和环境的不同灵活变化，只要符合领导层所制定的总体目标即可。这样便创造了一个纵向结构，新思想和经验可以源源不断地沿着这个纵向轴交流。”① 其实，约翰·奈斯比特在此主要是表述中国规划的纵向关系，这在“九五”计划前表现是明显的。但

① （美）约翰·奈斯比特，《中国大趋势》，中华工商联合出版社 2009 年版，第 76-77 页。

“九五”计划以来，中央取消指令性指标，转向地方下达非经济约束性指标，基本形成了“分层决策、平行编制、纵向引导”的五年规划编制模式。但全国一盘棋的纵向关系特性并没有发生根本的变化，只是在形式上调整为中央对地方进行有效引导，通过决策机制安排使中央意图在省级规划中得到充分体现。具体体现在规划编制前期中央和各省间的信息交换，各省为了自身发展需要顺应和体现其要求，以取得在国家中的新定位，获取中央支持。具体体现在各省级党委必须服从中央委员会的领导，需要按照中央委员会制定的国家五年规划建议制定地方建议。具体体现在各省五年规划需要和国家五年规划衔接。

实际情况与预定目标总会有差异。如前所述，在重大长远的战略性问题上，各省与中央保持了高度一致，但在具体规划指标上就存在一定的博弈。表现在经济指标上，中华人民共和国建立以来，多数时期形成了 GDP 升级大战的积习，这是体制的顽疾。2010 年底各地方党委“十二五”规划建议陆续出台，只有 3 个省（区、市）的增长速度和中央一致，有 10 个省（区、市）继续锁定在快速增长的目标上，仍追求 10%以上的高增长；还有 10 个省（区、市）还是要大干快上，追求 12%以上的增长率，其中有 7 个省（区、市）提出了翻一番的目标（见表 6-5）。

表 6-5　“十二五”时期部分省区市 GDP 增速前后对比

省区市	党委建议 GDP 年均速度	中央指出后纲要公布速度
黑龙江	五年翻一番（约年均为 14.8%）	12%以上
福建	五年翻一番	10%以上
安徽	力争五年翻一番	10%以上
山西	主要经济指标翻一番	13%
重庆	五年翻一番	14%
广西	五年翻一番	10%
贵州	力争五年翻一番	12%以上
云南	力争五年翻一番，10%以上	10%以上

资料来源：相应各省区市“十二五”规划调整资料。

表现在指标结构设计上。改革开放后国家五年规划（计划）由经济指标为主转向以非经济指标为主，地方也发生了基本一致的转型，但地方经济类指标比重一直略高于国家经济类指标比重，这在一定程度上反映出省级政府具有比中央政府更强烈的经济发展动机（见表 6-6）。

表 6-6 国家与 31 个省区市“九五”到“十三五”规划（计划）经济指标比重（%）

规划（计划）期	国家	31 个省区市	相差百分点
“九五”	47	58.3	11.3
“十五”	33.3	43.2	9.9
“十一五”	22.7	34.9	12.2
“十二五”	12.5	24.4	11.9
“十三五”	12.5	22.2	9.7

资料来源：根据国家和各省区市相应五年规划（计划）纲要指标测算。

表现在经济发展增长指标的速度上。从“十一五”规划的 22 个指标来看，31 个省区市制定的指标值平均为中央指标值的 1. 35 倍。地方的经济发展指标显著高于国家规划，GDP 增长率为全国的 1.35 倍，人均 GDP 增长率为全国的 1.48 倍，城镇化率提高的速度为全国的 1.41 倍，城乡居民人均可支配收入增长率分别为全国的 1.57 倍与 1.38 倍。具体表现，一是地方经济增长指标层层加码。中央提出的目标基本是全国的底线，接下来省级目标高于中央，地市级目标又高于省级，县级目标又高于地市级，目标层层加码，层层抬高。尽管有许多极其深刻的历史教训，但是“GDP 升级大战”的机制始终存在。根据鄢一龙同志对国家、省区市、地市、县级的“十一五”规划进行的计算表明，各级规划层层加码现象明显。国家“十一五”规划制定的 GDP 增长率为 7.5%，31 个省区市制定的 GDP 增长率平均为 10.1%，最高的省区市为 13%；地市制定的 GDP 增长率平均为 13.1%，最高的为 20%；县级制定的 GDP 增长率平均为 14.2%，接近国家指标值的两倍，其中最高的县级指标为 28.3%。这样的问题同样发生在财政和投资指标上，改革开放后前三个五年计划都制定了财政投资指标，“九五”计划后国家正式取消。但省级并没有相应转型，省及以下各级政府在财政收入最大化和积极招商引资方面表现出强烈的动力。“九五”计划国家不再制定财政和投资指标，但是“九五”“十五”计划仍有三分之二以上的省区市制定了这两个指标，“十一五”时期略有减少，但仍有24个省区市制定了财政收入增长指标，21个制定了投资增长指标。“十二五”规划出现了明显的转型，制定两个指标数的省区市分别下降到21和15个。这也表明更多的省级政府的职能逐步转向了以提供公共服务为主。党的十八大以后，情况发生了进一步的转变，据不完全统计，28个省级政府发布的“十三五”规划纲要中，保留财政和投资指标的只有16个和11个。

表现在地方的发展约束类的激励明显弱于中央。省级政府的经济结构调整和资源环境等发展约束类指标的激励显著弱于中央，22个指标中，有服务业增加值比重、服务业就业比重、研究与开发（R&D）支出占GDP比重、单位GDP能源消耗、化学需氧量排放总量、耕地保有量6个指标地方的激励低于中央。中央要科学发展，地方要加快发展。地方政府目标函数的这种偏离，选择性执行中央政策的问题，已经成为从速度型发展模式向科学型发展模式转变的重要障碍。

二、实现省级规划长远目标的适应与自觉

由于我国幅员辽阔，特别是发展差距很大，面向基本实现社会主义现代化的宏伟目标，省级规划必须自觉服从国家发展规划的战略导向作用，在长远目标的选择上与国家发展规划保持一致性。诚如毛泽东所言，中央和地方两个积极性要比只有一个积极性好得多。如何发挥两个积极性，主动权掌握在中央政府手里，中央政府需要有高明的治理能力和高超的驾驭技巧，需要同时运用两只手，既鼓励又限制，鼓励为主，限制为辅，两手并用，相互补充。而省级党委、政府则首先应该从全局长远综合角度出发，摸索在执行国家大政方针前提下，从本省实际情况出发，使二者相得益彰，获取治理成本最小化，治理效益最大化。治理成本最小的是中央和地方的目标函数一致，采取分权合约的激励相容机制安排。在中央和地方目标函数一致的条件下采用集权合约，由于各省发展差距较大，中央制定目标并不可能切合各省实际，会产生极高的信息成本。在中央和地方目标函数不一致的条

件下采用集权合约，需要中央政府支付较高的监督成本；采用分权合约，省级政府就可能出于自身目标函数的实现而出现与中央背道而驰的行为。因此，约束与放任激励机制安排效用的高低，取决于集权合约的治理成本与机会主义执行形成的治理成本之间的权衡。面向到21世纪中叶实现把我国建设成富强民主文明和谐美丽的社会主义现代化强国的宏大目标，任务可谓艰巨。邓小平对第三步目标的具体表述是达到中等发达国家水平，目前全球不到30个发达国家，而从20世纪中叶到21世纪前10年，全世界有80多个国家和地区迈入中等收入水平，[①] 但成功越过中等收入陷阱的国家和地区仅13个。到2050年，假设当时的发达国家有60个，那么，我们必须由目前的80多位的水平跃进到30位。当然，纯粹用位次来衡量现代化水平并不精准，但它可以从一个侧面反映出国家在全球的人均生活水平。

历史的经验值得注意，回顾过去，我们的国家历来具有全国人民大团结的光荣而自觉的理念，如果这种理念成功地引导为国家治理的理念，那么，在关系到全体人民的长远利益和整体利益的重大问题面前，各省将自觉形成全局领域的识别能力，高度认可国家目标，并推动目标实现，这正是我们中华民族长期以来共同认可的社会主义大家庭概念的时代转换，结合目标治理，也正是中国人民自觉精神和自觉能力的体现。所以，自觉的目标治理是中国社会主义的特有制度优势，是人类社会发展阶段中高智慧、高能力的治理模式。我们相信，已经被中华人民共和国近70年历史实践所验证的这一结论，还将被未来的中国发展历史所继续验证。基于此，我们认为各省的五年规划，除了深刻把握国际国内发展大趋势，全面贯彻习近平新时代中国特色社会主义思想，科学客观的审视省情外，还应该高度关注和实践以下几点。

一是采取激励相容的机制安排。地方的目标函数和中央的目标函数的匹配程度已经相当高，大部分目标趋于一致，中央对地方充分授权，不但有利于发挥地方的自主性、积极性，也能以最小治理成本推

① 世界银行标准。

动中央目标的实现。地方自主进行规划编制，并实施自身的计划，中央不直接干预地方规划的编制，只是对地方的发展指导方针和目标进行引导。这也表明中央和地方目标匹配性的提高使得中央和地方关系中的胶着成本大幅度下降，形成了更有效率的治理方式。对于那些事关全局战略的指标，中央只需要进行必要的政治动员和激励，就可以提高地方自觉性。对于部分省份和中央不一致的指标，采取集权合约安排，通过层层分解方式下达，并通过层层考核的方式来确保实现。我国强大的目标治理能力来源于它强大的国家目标实现能力。国家“十二五”规划确定的25个量化指标除研究与试验发展经费支出占GDP比重低0.1个百分点，九年义务教育巩固率和森林覆盖率持平外，其余22个指标全部优于预期水平。据25个省的定量指标统计，其完成和超预期完成率达到94.2%。“言必行，行必果”是中国人的优秀传统文化理念，当这一理念转化到规划执行自觉性上，就形成了强大的目标治理机制。

二是加强规划法治意识。“四个全面”已经明确必须全面推进依法治国，依法治国必然要求依法行政，五年规划作为政府履行职责的依据，应该在法律的框架下有所作为，加快规划的立法进程就显得十分迫切。国家和各级发展规划部门通过法律授予的法定职权，使规划机构的行政管理有法可依，也同时增强了规划的严肃性和刚性的条件，大大提升规划从编制实施到评估全过程的科学水平。通过立法，建立国家、省级层面的规划科学协调机制，彻底消除因为规划不统一、不衔接、不配套对经济社会发展造成的混乱和损失；通过立法，为国家和省级目标治理体系实现提供保障，为中央和省级政府的良好纵横向关系界定清晰的界限。

三是加大多元绩效评估。实践是检验真理的标准，评估则是检验规划的试金石。通过评估，可以认识到规划和实际之间的差距、主观愿望和客观需求之间的差距。省级规划的制定与实施到最终环节是个完整的闭环系统，而正是每一个系统的目标得以圆满实施，才由此推动全省经济社会不断前进。在这个过程中，评估就是优化规划和连接两个规划的助力器。通过评估，既可以不断修正规划实施过程中的问题，也可以通过每个五年规划的成功经验与教训来优化后一个五年规划，前后交替，周而复始推动经济社会不断前进。中期评估已经成为各省五年规划实施与制定承前启后不可或缺的重要环节。我们将五年规划目标治理绩效界定为指标实施结果与规划的一致性程度，以及规划期重要目标治理的改进程度，并从目标完成度、目标偏离度、规划期变化情况三个维度对目标治理绩效进行衡量。回顾历史的结论是：转型时期的目标完成情况明显好于计划时期。但是对目标偏离度控制的情况就不一样，计划时期的目标预期准确率略高于转型时期和市场经济时期，这表明，市场经济条件下的计划制定，更难以预见经济社会的发展趋势，也相应加大了计划制定的难度。从改革前后比较来看，转型期的目标绩效水平明显好于计划时代。这表明世界上没有完美的体制，但通过评估却可以提高不完美体制下的目标治理绩效水平。对于各省而言，既能通过年度和中期评估根据实践反馈来优化决策能力从而改造主观世界，又能根据新发展理念指导评估水平不断上升从而改造客观世界，由此逐渐强化与国家治理目标体系实现高度一致的适应性和自觉性。

第五节 省级五年规划方式方法的创新与改进

一、省级五年规划新关系框架模式

五年规划应该是承上（战略）启下（年度计划和重大项目）的地方重要治理方式，所以，不能孤立地看待五年规划，而应该从战略层面到规划层面再到操作层面全面理解五年规划（见表 6-7）。

表 6-7 省级五年规划新关系框架模式

长期战略层面	五年规划层面（主要层）	战术操作层面
1. 重大方向与目标 2. 战略指导思想 3. 基本发展路径	1. 指导思想与发展指标 2. 空间功能结构及其调整 3. 重大产业布局	1. 年度计划衔接 2. 创新及结构性调整 3. 重大项目推动

资料来源：作者分析整理。

上述模式表明，以五年规划为核心内容向前后延伸，因为随着经济规模及质量水平的不断提高，重大项目的建设周期、重大政策的效应以及重大国内外事件的影响都会超过五年，所以，在规划的内容中，要关注长期战略层面的方向目标与思想路径，弱化速度规模，强化质量结构；五年规划要有自己的战术操作，就是与年度计划对接，具体表现为结构性调整和重大项目的推动。前文中涉及关于将国民经济与社会发展规划和主体功能区规划结合的问题，基于此，我们提出在五年规划中要体现空间功能结构，要确定五年乃至更长时期的区域开发强度及其相应的产出系数。由于现有省级五年规划中缺乏区域开发强度控制，导致目前各省的开放强度都非常高。笔者 2017 年 9 月在某市发布的主体功能区规划中看到，该市的总面积约 6600 平方公里，常住人口 830 万人，户籍人口 670 多万人，而目前净流入人口增长呈下降趋势；市区建成面积已经达到 770 平方公里，按公布的 82%城镇化率计算，人均占有建设面积已经达到 113 平方米，超出国家规定的 13%。但公布的规划空间开发强度接近 30%，城镇建设面积在现有基础上又翻了一番，而规划的常住人口仅增加不到 15%，显然该城市的开发强度太高。所以，五年规划必须从宏观上进行空间控制，确定开发强度，抑制过度开发行为。

二、运用年度工作计划有效推动规划实施

国民经济和社会发展的年度计划应该是规划纲要分步实施的重要途径，也是规划实施的基本手段。但是在省域规划实施过程中，年度工作计划尚未成为推动规划实施的有力途径。第一，有些部门在制定年度工作计划时，尚未与规划目标任务很好衔接，导致有些目标任务脱节，从而影响了规划实施的效果。第二，年度计划没有较好回答执行规划的动态情况，没法及时发现五年规划与现实经济运行之间的差异与矛盾。第三，有些省份虽然将规划工作细化落实到年度计划，但是年度计划成为了规划的机械分解，这样就很难做到既服务于纲要的目标，又根据不同年度的实际情况，突出解决年度中存在的重大问题。

我们曾对西部某省“十二五”规划目标任务和年度计划结合程度进行问卷调查，省级部门65.3%的受访者认为好，12.2%的受访者认为很好，10.2%的受访者认为不太好，1.0%的受访者认为不好。地市县受访者中，53.8%的认为本单位牵头（或参与）编制的规划目标任务和年度计划结合程度好，23.1%的受访者认为很好，15.4%的受访者认为不太好，7.7%的受访者认为不好确定（见表6-8）。可以看出，规划目标与年度计划的结合程度存在着进一步优化的需要。

表6-8　单位牵头（或参与）编制规划目标任务和年度计划结合程度（%）

	省级部门	地市县
不好	1.0	0
不太好	10.2	15.4
好	65.3	53.8
很好	12.2	23.1
不确定	8.2	7.7
缺失	3.1	0

资料来源：调研数据汇总。

三、五年规划要由单一的管理向治理转变

基于全面深化改革总目标是完善和发展中国特色社会主义制度、推进国家治理体系和治理能力现代化，各省的五年规划要开始向治理方向努力，由单一管理向多元治理转变。在此之前，不少省市做了积极的探索，但要走向基本治理阶段，还有一定的距离。管理走向治理，主要就是由“关门编规划”走向“开门编规划”，由“党委定建议、政府编规划、各方执行规划”过程走向“社会各界参与、广泛听取意见、集思广益决策、接受各方监督、认真反馈评估”的过程（见图6-1）。

图6-1的最大特征就是全面展示了“社会各界参与、广泛听取意见、集思广益决策、接受各方监督、认真反馈评估”的过程。从起始点的前期工作开始，除了少数几个带有特别性工作环节外，基本上都

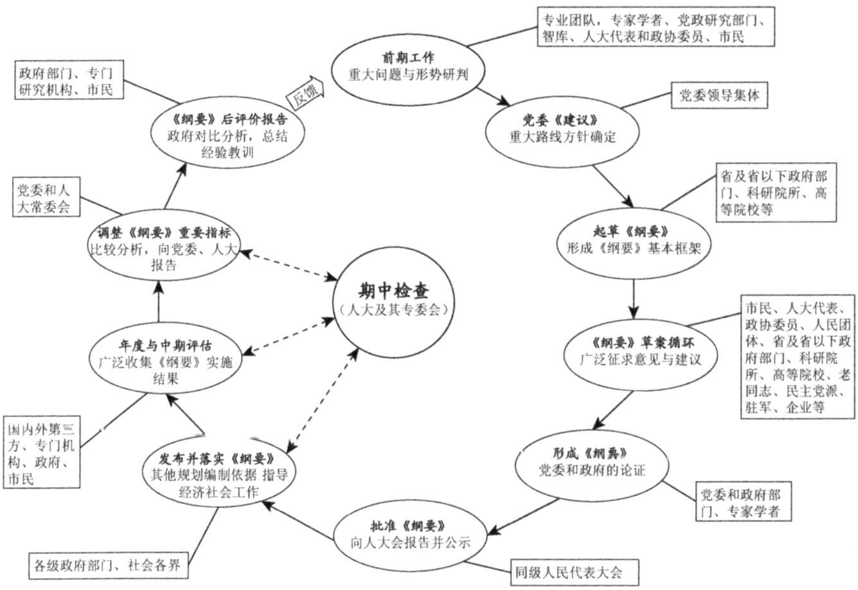

图 6-1　省级规划治理关系示意图

资料来源：作者分析整理绘制。

有社会各界和市民的参与，这就把相对的“关门”调整为“开门”，将一元化的管理调整为多元化的治理，使五年规划更能体现人民的意志，引发人民的关切，解决人民的问题，全面体现以人民为中心的理念。在实际工作中，参与人员可以进行适当的调整，尤其是作为第三方的参与，可以根据本省的情况精心优选。纲要的后评价报告及政府分析总结经验教训，应该成为下一个五年规划前期工作的重要参考资料，由此形成一个闭合的治理循环体系。

四、有效发挥社会公众在规划编制中的作用

我国目前部分省在编制五年规划时，一般是对专家、公众、企业主体、社会团体分别征求意见，他们之间缺乏互动。且这些参与主体的活动交集形式特别，一般人大及政协代表除了官员外，大部分是企事业领导人以及专家学者和社会团体负责人，也有少许社会公众和基层代表。由于身份的特殊使其互动都是在会议上，他们一般是基于自

身所在行业领域的利益提出相关意见，分别交给组织，基本上没有内部的互动。加之省级五年规划编制过程对于绝大部分民众还是保密文件，这就大大降低了公众对五年规划编制的熟悉度和信任度。而且五年规划编制过程只是在编制后期才征求公众意见，不利于更大程度反映公众心声，一定程度上降低了公众对五年规划的共识程度。规划编制中专家一般也只是参与了重大问题研究和征求意见“一头一尾”两个环节，对中间环节参与较少，且被征求意见的专家主要集中在本地区，少数是全国范围专家，全球范围征求专家意见更少。且在调研阶段和征求意见阶段，多数省份征求的多是国有企业和大企业，征求外资企业和中小企业，尤其是小微型企业的意见较少。很明显这种形式使征求意见的全面性和客观真实性大打折扣，打破这种“僵局”的路径就是“开门编规划”，除了传统的以各种方式征求意见建议外，在互联网时代，完全可以借助网络系统进行全社会的意见和建议收集，并利用大数据进行系统分析。对于重大专题，除了专门的委托研究以外，可以召开各类专家智库碰撞的讨论会。对于涉及长远的重大问题，还应该委托统计部门进行抽样调查、家计调查和典型调查，并邀请专家对数据进行分析研究。有条件的省，可以委托国际知名智库提供国际专题研究报告。

五、发挥好省级发展规划的地区战略导向作用

坚持实施目标导向。党的十九大已经展示了新时代新发展目标，下一步还有待于各省结合本省的实际情况，运用具体的指标将宏大目标进一步分解细化，通过几个五年规划在各省实现这些目标。

坚持资源的科学配置。资源科学配置是发展规划成功的关键因素，而资源的错配也正是导致规划失败的最大问题。要引导和促进更多的资源要素投放到实体经济上，配置到发展质量的提高上，配置到结构优化上，配置到供给侧结构改革上。

坚持推进规划立法进程。国家和省级发展规划事业都必须根据依法治国、依法执政、依法行政的要求来编制和实施，而目前已经成为

最明显的“短板”，迫切需要在法律框架下认真总结这些年来发展规划的成功经验和做法，并尽快通过法定程序将其制度化。

六、增加建设现代化经济体系的指标

什么是现代化经济体系？就是着眼于现代化经济发展所需要的指标，一般应该具有超前性、系统性和时代性。超前性要从长远发展着想，顺应世界发展的大趋势，找准全面发展的持续动力，把握世界科学技术发展的规律性，结合本省的实际情况进行超前预判，将世界大趋势、国家大目标融入本省若干五年规划中。经济建设要适应我国经济由高速增长阶段转向高质量发展阶段的需要，将我们长期习惯使用的反映高速增长特征的宏观调控和发展规划指标体系转化为适应高质量发展阶段的指标体系。系统性就是从现状出发，以问题导向提出现代化经济的指标体系。顺应高质量发展的要求，需要系统地思考转变发展方式、优化经济结构、转换增长动力的关系；需要系统地思考质量第一、效益优先、创新驱动的关系；需要系统地思考建设实体经济、科技创新、现代金融、人力资源协同发展的关系；需要系统地思考构建市场机制有效、微观主体有活力、宏观调控有度的关系。时代性就是在五年规划中与时俱进地体现时代的要求，如建设现代化经济体系必须提高全要素生产率，2016 年中央经济工作会议就提出要提高全要素生产率，到现在还没有全国的全要素生产率数据，需要建立什么样的全要素生产率指标计算制度？如何反映和把握全要素生产率的动态变化规律？随着人民生活整体水平的提高，需要增加反映更高生活质量的指标，如自来水直接饮用率、平均健康预期寿命等。

七、增加规划中的软实力指标

经济社会发展水平越高，软实力的作用就越强。中华民族的伟大复兴，并不局限于国家的经济军事实力，更重要的是要实现中华文化和文明的复兴，这在很大程度上就是软实力的体现。所谓软实力，约瑟夫·奈的定义是，相对于以GDP为重心的经济活动而提出的“非物质活动”的总称。我国学者将区域软实力归纳为某地区通过精神感召的方式，发展动员和发挥区域内外的心智能力作用来实现区域经济和社会目标的能力。我们认为，软实力是建立在区域文化、人力素质以及政府公共服务等非物质要素之上的政府公信力、社会凝聚力、文化感召力、民众创造力、对外吸引力等力量的总和，也是整合配置大范围资源谋求区域可持续发展的非物质要素之综合能力。2020年我国将全面建成小康社会，并迈向社会主义现代化，软实力在经济社会发展中的作用越来越明显。从新五年规划开始，各省应该结合本地的情况，增加规划中的软实力指标。省级层面建议从以下几方面建构软实力指标系统（见表6-9）。

表6-9　省级五年规划软实力指标参考体系

子系统	具体参考指标
人力资源素质	农村人均受教育年限、人均财政教育支出、万人高校拥有数、万人在校（高校，中学和小学）学生数、居民综合素质
公民幸福健康	人均预期寿命、居民健康指数、居民幸福感指数、婴儿及儿童死亡率
政府公共服务	法治政府（法治GDP）、公众对政府满意度、公民社会保险参保率、公共服务建设水平、政府信息公开水平、基本公共服务水平、最低工资水平
区域环境形象	万人使用网络比、计算机普及率、城乡网络覆盖率、智能手机拥有率、城镇人均公共绿地面积、污水及垃圾处理率、企业投资环境评价、吸引省（境）外资金，领导层环境责任评估体系
文化娱乐事业	文化事业支出占财政支出比、文化产业占比、文娱就业人数占比、万人拥有博物馆数、万人公共图书馆藏书量、人均年阅读图书量
区域创新研究	研发支出占比、万人研发人员数、万人专利授权数、万人科研院所数、综合创新能力全国排名、创新应用指数提升

软实力指标在以往的部分省级五年规划中也有所体现，但相对于经济社会发展指标明显不足，应该从新时代开始有较大的提升。表6-9中有些指标原来就有，但大多数是新的，不少都具有探索性。

比如居民综合素质就难以用易于考核的指标来表示，但这类指标的确在现实社会中非常重要，且是公众看得见、有体会的，这就需要我们在实践中不断探索量化。再如“法治 GDP”，北京西城区就进行了积极的探索。有些指标是具有针对性的，比如农村人均受教育年限是针对我国目前农村约有 63%的适龄青少年未上高中的现实提出的，尽管党的十九大提出普及高中阶段教育，但由于传统思想的影响，农村孩子普及高中率仍然较低。各省区市应从本地区的实际情况出发来选择具体指标，也可以根据实际的需要，按照子系统的基本要求调整指标。如相对发达地区，可以在区域创新、公民幸福以及公共服务水平上设计更贴切的指标，而相对欠发达地区，则应该更多地在基本公共服务水平提升和区域环境形象上多下工夫。

专栏 6-2　北京西城区如何评估“法治 GDP”

北京西城区从 2016 年开始对法治政府进行探索，邀请中国政法大学牵头进行法治政府水平的量化评估。2016 年 9 月，区委就提出了要“努力使西城法治建设走在全市法治工作的前列，成为法治中国首善之区的示范区”。2017 年 1 月，项目正式启动。从 1 月到 6 月，项目组率先研发了西城区的法治政府评估体系，采集数据，得出结论，并出具评估报告。4 月，启动了法治建设评估指标体系的研究。包括依法执政、人大依法履职、司法机关依法独立公正以及法治社会建设四个一级指标。考虑首次进行法治建设评估，对权重定量尚无较全面把握，因此每个一级指标都设置为 100 分。不同一级指标下有多个二级指标和三级指标，权重不尽相同。从依法执政是依法治国的关键这一定位入手，进一步研究认为，仅靠法治政府依法行政是不够的，党委依法执政也十分重要。因此，这个一级指标下设 4 项二级指标，17 项三级指标。二级指标是考察依法执政的 4 个维度，分别是党的领导体制（20 分）、依法执政的方式（35 分）、依规治党的方式（30 分）、领导干部运用法治思维和法治方式的能力（15分）。依法执政方式的35分，又设了5个三级指标，包括党委依法决策制度建立情况（12分）、党委法律顾问制度建立情况（4分）、党务公开规范开展情况（7分）、问责情况（8分）、区委工作报告中是否涉及法治建设内容（4分）。评估结果发给了西城区及其职能部门、街镇后，扣分所涉单位基本没有提出异议，区委的同志都觉得“有点出乎我的意料，他们都比较服气”。由于是探索性工作，还存在不少问题，如评估标准的设立，如果同一项指标，国家一套标准，北京市另行一套标准，西城区本身又有标准，那么按照什么标准来判断指标完成的量化水平，就是一个问题。对此，项目组提出“从高从新从严”的要求。再如首善之都的一个行政区，或者某一个地级市，从依法执政、依法行政角度来说，它的自主性有多大？国内各地方的法治程度不同，要建立一个普适性的法治建设评估标准，显然是困难的。而从一个区入手，进行小范围的法治建设评估，则更为可行。西城区的想法是，自己先做起来，评估探索中不断完善，指标体系会根据新情况进行修改，会逐渐发现更合适的观测点，设计新指标，最终形成比较完整的指标体系。

（资料来源：百度资料）

八、增强规划约束力和加强规划指导性关系处理

省级五年规划是指导全省经济社会发展的总纲，对期内所有经济与社会的行为尤其是宏观层面都应该有较强的约束力，在社会主义市场经济条件下，对于微观层面的企业行为具有较强的指导性。有人从指标的属性进行错误的理解，认为只有约束性的指标才有约束性，其他的都不存在约束的问题。规划的约束力是一个综合的概念，它体现在规划的六个具体“强化”上。强化行动纲领的内容，突出战略性，真正成为各方面的行动的依据；强化空间均衡的内容，增强对区域开发的约束；强化政府履行职责的内容，成为政府工作的依据；强化社会发展的内容，把促进人口有序流动从而实现合理分布放在重要位置；

强化资源环境的内容，根据资源环境确定经济发展的规模和产业结构的选择；强化规划实施的内容，特别是做好财政支出以及生产力布局和重大项目的安排。这六个强化，基本体现了省级宏观层面的约束，其中也有对企业的约束，比如产业结构的选择、生产力布局和重大项目的安排就对相关企业产生直接的约束。

如果仅仅强调规划的约束性就可能又回到计划的老路上去了，所以，要强调规划的指导性，既把握全面，又让微观有充分的活力。也就是说，规划是大森林，但又要使每颗树木能够自由地生长。规划森林意味着规划不破坏或者抑制作为有效协调每颗树木即企业或个人努力的竞争机制，并创造条件进一步促进公平的竞争。规划森林让树木自由生长，就形成了看不见的市场之手和看得见的规划之手相互补充、相互促进的体制。市场与规划各有发挥其优势的领域，只有二者各得其所、相互补充、相互促进，才能创造最好的发展环境。各省发展规划是社会共同的行动纲领，是政府履行职责的依据，是约束社会行为的“第二准则”。对具体的经济活动进行干预，已经被实践证明不可行。中国的规划体制在改革中进行了调整，经济微观领域活动采取了渐进性去计划化，没有从计划至上突变到计划无用，而是不断进行适应性转型，五年规划（计划）已经由计划经济时期的经济计划转变为公共事务治理的规划，实现了从经济计划为主转向全面的发展规划，从经济指标为主转向经济社会生态等综合性指标体系，从微观领域转向宏观领域，从市场排斥型转向市场补充型。

九、规划要逐渐突破行政区域的界限

我国的行政区划延续了历史区划，除了有一部分文化因素（比如少数民族地区）外，基本上没有考虑经济、政治等因素，这就使省级五年规划不能按照经济社会发展的规律进行编制，而被囿于一定的行政区划，受到严格的制约。这种行政区划与经济社会发展的矛盾，在规划中就体现为资源配置的地域化和中心城市辐射作用的约束化。以省为单位，就完全可能形成自我的全方位功能化，大到上百万平方公里，小至几千平方公里，都要全力追求尽可能的工业化、城市化和现代化，各省都在“开发”“振兴”“崛起”“率先”，而我国多数省份空间并不宽裕，却至今没有真正意义上的空间规划，对哪些区域应该以发展工业和服务业为主，哪些区域应该以发展农业为主，哪些区域应该以保护生态为主等没有明确界定。就连城市空间、农业空间、生态空间的基本格局也没有轮廓性的规定，这就必然导致各省齐抓大招商，齐促大发展。近年来，为了打破这一桎梏，国家开始编制大区域发展规划，如京津冀、长三角、珠三角、成渝地区等，但是，国家编制的区域发展规划基本上是指导性规划，对各省没有多大约束力，各地一般采取的态度是“有利则取之，无利则弃之”，没有起到规划应有的作用。

省级五年规划突破行政区域界限可以分步进行，第一步提倡有着紧密经济关系的毗邻省在编制规划的前期工作时加强高层的会晤，以确定规划中推进涉及两省发展联系紧密的重大事宜、重点地区的基本原则，建立双边工作层面的共商共议机制，将双边达成的共识写入两省的五年规划，重要成熟的也可以编制专项规划，并建立协调检查和评估机制。目前已经由国家颁布区域规划的相关省区市可以在新一轮五年规划中组织实施。第二步是同时编制省级五年规划和省际五年规划，所谓省际五年规划就是经济关系紧密的毗邻省联合规划，它应该与省级规划具有同等效力。第三步是经济关系紧密联系的地区用区域规划全面替代省级规划，同时保留条件不成熟的省级规划。第二、三步都需要在国家发展规划部门出台相应的文件，并给予指导的条件下进行。

专栏6-3　江浙联合编制宁杭生态经济带规划

2004年时任浙江省委书记的习近平同志在规划建设宁杭生态经济带时指出：“有关专家建议，江浙联手繁荣宁杭城市带，应引起注意，可作为融入长三角的新举措。”江浙两省高度重视宁杭生态经济带建设谋划，由两省政府达成共识，省发展改革委具体牵头编制规划。宁杭生态经济带贯穿江苏西南部和浙江西北部，连接南京与杭州两大中心城市，是长三角沪宁杭“金三角”的重要一翼、长江经济带的重要组成部分，在长三角区域一体化发展格局与长江经济带建设中具有重要的战略地位。该发展带面积1.6万平方公里，常住人口1亿人，2016年GDP超万亿元，含江苏四市和浙江两市，是我国少有的经济强、环境美的区域。随着宁杭沿线地区经济社会发展取得重要进展，自然生态资源和功能品质优势日益凸显，区域合作交流广泛密切，生态文明建设走在全国前列，已经具备了为全国探索实践区域生态经济发展新路径的基础条件。江浙打破行政区划的桎梏，联合编制《宁杭生态经济发展规划》，有利于为全国绿色经济发展探索道路、提供示范，有利于为跨省生态文明建设创造经验，有利于培育壮大长三角新的经济发展走廊，有利于支撑长三角世界级城市群建设，有利于推动宁杭沿线地区高水平全面建成小康社会。两省在统一指导思想、战略定位和发展目标的前提下，主要从以下五个方面进行规划：一是自然生态资源保护建设。主要从构建区域生态安全格局、生态资源保护和修复、环境污染联防联控等方面，提出建设绿色生态大廊道的重点和举措。二是绿色低碳产业建设。主要围绕区域自然生态人文比较优势，从发展壮大优势特色产业、推动产业转型升级、培育产业发展新动能、加强区域产业合作等方面，提出发展绿色低碳产业体系的重点、方向和路径。三是新型城镇化建设。主要从优化城镇空间格局、提升城乡功能品质、统筹城乡发展一体化等方面，建设宜业宜游宜居的美丽城乡。四是区域现代基础设施网络建设。主要包括完善综合交通运输体系、建设信息水利能源设施等，为经济带建设提供支撑保障。五是优质公共服务建设。主要从发展文化事业、加强教育医疗交流合作、提升就业和社会保障水平、推动扶贫开发等方面，提出推动公共服务共建共享的重点和举措。为确保规划的实施，建立健全了政府协商合作机制、健全统一开放市场体系、创新生态保护补偿机制等，为经济带建设提供了坚实的制度保障。编制实施宁杭生态经济带规划，是跨行政区域推动发展的典范，是值得有条件的地区学习创新的。

（资料来源：百度资料）

十、准确把握规划完成的相关因素

（一）加强相关措施的配套性

在落实新发展理念保障完成规划时，要系统地看待发展不是单一因素所决定的，我国进入中上等收入国家后，经济社会发展所需要解决的问题，往往都是多重因素影响的，必须依靠综合系统性措施才能解决。因此，应当重视加强制度建设和政策的配套，“长官意志”和经验主义在面临多重特征的问题面前不可能把握本质，也就不可能解决问题，只有依靠系统的政策措施才可能对规划实现形成合力。

（二）设置年度宏观调控目标要强化五年规划的战略导向

我国的宏观调控基本属于当期性调控，应该主动与五年规划结合衔接，两者的脱节会造成较高的机会成本和长期成本。在全球化条件下，还会外溢出更高的全球生态成本，我国前些年成为资源消耗、污染排放大国，年度计划与五年规划的脱节是个重要原因。为什么五年规划制定的消耗排放指标最终不能完成，如果在实施过程中能及时发现，通过目标导向和问题导向，就可以及时完善以后年度计划，以确保五年规划约束性指标的完成。年度计划与五年规划的衔接加强，主要是对五年规划的总任务和目标进行拆分细化，并与制定年度实施计划任务目标结合起来，使五年规划的战略性与年度计划的操作性高效有机结合。

（三）五年规划指标考核要与财政土地等指标衔接

五年规划确定了未来的重大任务及项目，如果在科学的规划体系指引下，其他预算计划调控都应该围绕其进行，但我国目前还没有形成这样的体系。财政预算国土计划与规划脱节，这既削弱了五年规划对经济社会发展的引导能力，也不可能使各种资源的预算计划有针对性和高效性。五年规划是政府进行资源配置的重要手段，只有将规划与各种资源预算计划相结合，才能战略性地将资源配置到相应的政策领域，也才能真正地将规划实施绩效与支出结合起来，规划任务与项目相对应，使资源有效配置。必须形成各类资源年度计划监测与五年规划挂钩，形成联动机制，对涉及五年约束性指标的年度评估要与五年实现度结合，通过年度目标的完成情况来把握五年动态状况，以便及时调整应对。

（四）强化约束性指标同时减少其负面作用

自“十一五”规划实施约束性指标制度以来，中国相关政策目标执行情况得到极大改善。在未来的规划中，约束性指标仍将是国家治理体系中最重要的政策工具。提高约束性指标效率要注意减少其负面作用，约束并非万能，要科学地确定约束的目标和范围及其时间段，经济社会发展到不同阶段，其约束的内涵会发生变化，规划要客观地反映这一规律。要增强专家和公众参与约束性指标决策与执行的程度，这可以加强约束性指标的科学性并强化对其监督。约束性指标要增强区域设置的灵活性，我国东中西部各省的约束性指标不可能整齐划一，在国家下达的指标基础上，要结合资源禀赋和发展阶段的要求来确定各省的约束性指标。

本章小结：新时代省级五年规划应该有新的定位创新，包括编制理念、法治价值、规划评估、适应市场机制等。应该有新的功能体现，将人民性、民主性和集中性结合起来，强化对空间布局的引导和各类规划的引领，坚持长远目标治理的自觉与适应。应该有方式方法的创新，形成长远战略—五年规划—年度战术的层级模式，由单一管理走向多元治理，充分发挥规划在区域战略中的导向作用。

主要参考文献

[1] 本书编写组. 党的十九大报告辅导读本 [M]. 北京：人民出版社，2017.

[2] 杨伟民. 发展规划的理论和实践 [M]. 北京：清华大学出版社，2010.

[3] 胡鞍钢. 中国国家治理现代化 [M]. 北京：中国人民大学出版社，2014.

[4] 胡鞍钢. 如何认识当代中国 [M]. 北京：中信出版集团，2017.

[5] 王绍光，鄢一龙. 大智兴邦：中国如何制定五年规划 [M]. 北京：中国人民大学出版社，2015.

[6] 鄢一龙. 中国道路辩证法 [M]. 杭州：浙江人民出版社，2017.

[7] 吴维海. 政府规划编制指南 [M]. 北京：中国金融出版社，2015.

[8] 王绍光，樊鹏. 中国式共识性决策 [M]. 北京：中国人民大学出版社，2013.

[9] 韦森. 中国经济增长的真实逻辑 [M]. 北京：中信出版集团，2017.

[10] 胡鞍钢，鄢一龙，唐啸，等. 2050 全面建设社会主义现代化强国 [M]. 杭州：浙江人民出版社，2018.

[11] 蔡昉. 读懂中国经济 [M]. 北京：中信出版集团，2017.

[12] 鄢一龙. 目标治理：看得见的五年规划之手 [M]. 北京：中国人民大学出版社，2013.

[13] 杨庆育. 统筹城乡新论 [M]. 北京：科学出版社，2017.

[14] 官卫华. 中国城乡统筹规划的理论、方法与实践 [M]. 北京：科学出版社，2014.

[15] 杨培峰. 城乡空间生态规划理论与方法研究 [M]. 北京：科学出版社，2005.

[16] 张维迎. 市场与政府 [M]. 西安：西北大学出版社，2014.

[17] 段磊. 战略规划编制与研究：决胜“十三五” [M]. 北京：中国发展出版社，2015.

[18] 胡鞍钢，鄢一龙，周绍杰. 中国：“十三五”大战略 [M]. 杭州：浙江人民出版社，2015.

后　记

课题组成员对本课题的贡献：杨庆育担任课题领衔专家，提出总框架、写作提纲和主要内容，参与第一、四、五、六章写作研究，统筹全课题文稿并进行修改。张国智牵头第二章写作研究。易小光牵头第三章写作研究。李南参与第一、五章写作研究。陈升参与案例分析与研究。吕俊参与第二章写作研究。唐啸参与第四、六章写作研究。潘墨涛参与第四、六章写作研究。

特别需要说明的是，著名经济学家胡鞍钢在本课题中与杨庆育共同讨论并构思了基本框架，对研究过程中的重大问题进行了多次讨论，提出指导意见，并安排基金支持项目研究。

课题组在调研过程中，得到了重庆市、江苏省和南京市以及多地发展和改革委员会相关同志的大力支持。南京市发展和改革委员会规划处朱延琴同志多次参与讨论；清华大学国情研究院兼职研究员王绍光、鄢一龙和南京市发展和改革委员会副主任蒯旭光等同志对本项目均有贡献。我的秘书陈立洲同志奉献了辛勤的劳动，对他们表示由衷的感谢。中国计划出版社编审徐泓和编辑李陵做了精心的出版指导和编辑工作，在此一并表示谢意。

杨庆育

2018 年 10 月 1 日